JN098535

新株予約権等・種類株式の発行戦略と評価

資金調達、インセンティブ、M&A、事業承継での活用

株式会社プルータス・コンサルティング [編]

中央経済社

まえがき

　資金調達手法等が多様化される改正が行われた会社法施行から10余年が経過し，その後も多くの制度改正や慣行の変遷により，上場・非上場を問わず，企業の資金調達や報酬制度における手法はさらに多様化し様々な課題が解決できるようになっており，反面として複雑化しています。

　例えば，ある時期は新株予約権（ワラント）による資金調達は，業績が悪化した上場会社の資金調達手段の最後の砦のように用いられていましたが，近年の株価上昇を受けて業績好調な成長企業において，企業の成長に合わせて段階的に資金調達を実現する方法として受け入れられるようになってきています。また，上場を目指す未上場企業においては，その大半の資金調達に種類株式が用いられるようになっています。

　さらには，インセンティブを目的として新株予約権を発行する企業も右肩上がりに増加してきており，従来型の役職員に対する報酬として新株予約権を付与するストック・オプションはもちろんのこと，会社関係者に対して（株式ではなく）新株予約権に対する投資の機会を与える手法や，信託を用いて付与対象者を柔軟に決定するスキームも登場し，全体として導入件数が増加してきています。

　このような潮流により上記のような普通株以外の有価証券（本書では，総称して「エキゾティック証券」といいます）が日々多くの企業から発行されています。

　エキゾティック証券の税務や会計の解説については既にある様々な著書に譲るとして，本書では企業のニーズに合わせた発行の戦略について，有価証券の種類や発行目的を上場・非上場別に体系化して解説します。またエキゾティック証券の発行戦略に加え，その評価手法についても解説しているのが本書の特徴といえます。

　言うまでもなく，有価証券の発行は適正な価値に基づいて価格が決定されなければ，法律上，税務上，会計上多くの不利益が発生してしまいます。

　エキゾティック証券の価値評価の重要性は年々高まっているにもかかわらず，評価手法は普通株式の評価に比べて金融工学的な知識経験が必要であるなど複雑な側面があり，（制度面を解説する書籍は多く存在しますが）価値評価に焦点を当てた実務の定番本が出版されていませんでした。発行会社の実務担当者はその価値判断を専門機関に丸投げしてしまうことも多く，発行会社を取り巻く専門家や意思決定を行う役員も知識経験が不足している場合や，あるいは非常に偏った知識を盲信している場合などが多く，実務上担当者が苦慮する要因となっています。

　本書は，エキゾティック証券の発行を検討する実務担当者や発行企業を取り巻く専門家が実際の評価実務と理論の感覚をより理解し，監査法人や証券取引所，監督官庁など様々な利害関係者と共通言語による会話を可能とすることを目標としています。

　本書の執筆にあたっては，各スキームの活用方法および実務担当者が直面すると思われる評価に関する論点に対して容易に参照ができ，基礎的な部分から極力感覚的に理解しやすく解説することを心がけました。

2020年2月

著 者 一 同

CONTENTS

第1章 種類株式，新株予約権等の種類と発行場面

1 ■ 普通株以外の有価証券（エキゾティック証券）

（1） エキゾティック証券とは

　エキゾティック証券とは，一般的に「資金調達に利用される有価証券の中で様々な条項が追加されたもの」です。本書は，企業が資金調達やインセンティブ制度の設計を検討するにあたっての参考資料としていただくことを目的としていますので，「会社が発行する普通株式以外の有価証券」をエキゾティック証券と定義づけます。

　会社法上，会社が発行できる有価証券には，普通株式（普通社債は割愛します）以外に，種類株式，新株予約権，新株予約権付社債（正式名称よりも，転換社債，Convertible Bond，CB などと呼ばれることが多いです）があります。

　これらを有効活用できる場面は多々ありますが，整理すると，主に，資金調達，インセンティブ制度，人材採用，M&A，事業承継の場面で様々なかたちで活用されています。

（2） エキゾティック証券の種類

　まずエキゾティック証券を種類別に簡単に解説したうえで，次項で種類ごとの活用方法について説明を行っていきます。有価証券の種類でいえばわずかに

3種類しかありません。

① 新株予約権

純粋なコール・オプションであり，初期投資額が少なくて済むことが多く，付与対象者にとっても会社にとっても柔軟性が最も高いといえます。上場会社・非上場会社のいずれでも，また，資金調達，インセンティブ制度，M&A，事業承継のいずれの局面でも用いられます。

コール・オプションとは，あるものを「買う権利」のことをいいます。この時のあるものを「原資産」といい，権利を行使した場合，権利が有効な期間中は，あらかじめ定められた所定の価格で原資産を買うことができます。有効期限のことを「権利行使期間」といい，あらかじめ定められた所定の価格のことを「権利行使価格」といいます。

では，コール・オプションを保有しているとどのようなメリットがあるのでしょうか。

例えば，ドル円が110円で取引されている時に，今後円安になることを見込んでドルを原資産とし，権利行使価格を110円としたコール･オプションを設定しておきます。その後，権利行使期間内に読みどおり円安となり，ドル円相場が120円に動いたとします。通常は，ドルを調達しようとする場合，1ドルあたり120円払わなくてはならないわけですが，コール･オプションの保有者は，権利を行使することにより110円でドルを購入することができることとなります(反対に円高になった場合には，権利行使をすることはありませんので，原資産の価格下落リスクは負わないこととなります)。

もちろん，行使しただけではドルを保有しているだけになるため，タイミングを見計らって(さらに円安になった場合等)，110円で購入したドルを125円で売却することで，キャピタルゲインの額が確定することとなります。

この例であげた為替のコール・オプションは，主に金融機関との間で取引され，事業会社の為替変動リスクのヘッジや，投資もしくは投機の対象として用いられています。

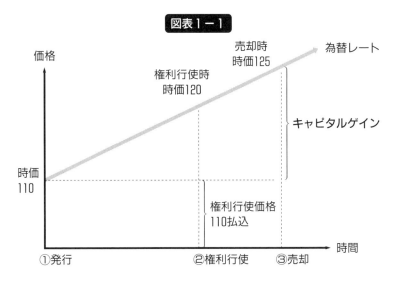

図表1−1

新株予約権の話に戻りますが，新株予約権とは「会社が発行する株式を原資産としたコール・オプション」のことをいいます。権利行使価格や権利行使期間の設定は用途に合わせて様々ですが，例えば，「今後3年間の行使期間中はいつでも1,000円の株価で株式を購入することができる権利」というように設定されます。

　新株予約権の引受け手は，投資家であったり，インセンティブ制度の対象者であったりします。わかりやすく，新株予約権の1つであるストック・オプションを例に挙げると，ストック・オプションの保有者は，企業努力等により株価が上がれば，株価が3,000円になったとしても，新株予約権を権利行使して1,000円で株式を購入することができ，すぐに株式を売却すると2,000円の儲けがでることになります（反対に株価が下がってしまっても，権利行使はされませんので損失にはなりません）。

　このように，新株予約権は株式自体を保有する場合に比べて株価変動リスクを大きく減少させ，初期投資額（新株予約権自体の値段）は原資産の金額と比較して安価であることが多いため，利便性が高く，上場会社・非上場会社のいずれでも，資金調達，インセンティブ制度，M&A，事業承継など様々な場面で

用いられています。

②　種類株式

　種類株式には，普通株式と異なる経済的権利や議決権に関する権利が定められています。定められる権利については第9章「上場会社のファイナンスで用いられる第三者割当種類株式」で詳述しますが，配当や会社清算時の残余財産に関する権利，普通株式など他の株式に転換できる権利など，様々な経済条件を定めることができます。

　株式であるため，投資家は最初に資金を投下する必要があり，会社の資金調達やM&Aで用いられることが多いといえます。また，議決権に関しても，他の種類の株式と差異を設けることができるため，事業承継の場面でも活用されます。

　近年では，経済産業省が中心となって会社法その他制度面の整理が行われた結果，インセンティブとして用いられる事例も出てきました。

　上場会社においては，議決権に差異を設けることについてガバナンス上の懸念が生じうるため，取引所が種類株式に関する独自のルールを設けており，多くの場面で用いられるとはいえません。

　そのため，前述の資金調達やM&A，事業承継の場面というのは非上場会社が大半となりますが，なんといっても近年は，ベンチャー企業が資金調達をする場面が注目されます。こちらも経済産業省が主体となって会社法，税務等の論点を整理したことによって，ベンチャー企業がIPOではなくM&Aで売却されることになった場合などに投資家に非常に有利な経済条件を付すことができるようになりました。投資家が高い経済条件を得られることによって，発行会社としては高い株式価値で資金調達を行うことができるようになりました。

　そのため，2015年頃からベンチャー企業による資金調達は，大半が種類株式で行われるように変わってきました。このことと，経済環境やIPO市場の活況などが相まって，現在ベンチャー企業の資金調達市場は非常に活性化しているといえます。

③　新株予約権付社債（CB）

　社債に，新株予約権が付いたものです。大半のケースで，新株予約権を行使する際に出資する財産は社債と設定されているため，付与対象者からすれば，社債を株式に転換するかたちとなります。そのため，新株予約権付社債は，転換社債，Convertible Bond，CB などと呼ばれることが多いです。

　投資家からみると，普通の社債は金利と元本を安定的に得る投資となりますが，転換社債であれば，株価が上昇すれば，金利以上のキャピタルゲインを得ることができます。そのため，転換社債の利率は，普通社債に比べて低く設定されます。

　発行会社からみると，借入れや社債に比べて低い金利で調達ができ，株価が上がれば社債が株式に転換されるため，返済義務もなくなります。

　新株予約権付社債は，このように資金調達の場面で用いられるのが主となります。

　近年では，単に金融投資家に発行して資金調達を行うのではなく，事業会社同士の資本業務提携を行う際にも用いられるようになったことが注目されています。資本業務提携は，従前から株式で行われるのが一般的です。しかしながら提携がうまくいけばよいのですが，うまくいかずに提携を解消する場合，発行してしまった株式の処分が問題となります。市場で一度に売却されても困りますし，新たな引受け手をどう探すかというのが実務上の悩ましい問題として生じることとなります。

　そこで，資本業務提携として資金は投下するのですが，発行するのは株式ではなく，新株予約権付社債にしておきます。その新株予約権付社債を行使して株式に転換するために，業績条件など提携がうまくいった場合に発生しうるイベントを条件として設定しておきます。そうすれば，提携がうまくいっている場合にのみ株式に転換がなされて強固な資本関係となり，提携を解消したい状況となった場合には社債を返してしまえば資本関係は終了できます。

2 エキゾティック証券の発行場面

　ここまでは有価証券の種類ごとに解説しましたが，本書をより活用し，理解を深めていただくために，実際に用いられる場面をもとに，（1）資金調達の場面，（2）インセンティブ・人材採用の場面，（3）M&A，MBOの場面，（4）事業承継の場面，の4つに分けて改めて整理を行います。

　有価証券の種類でいいますとわずかに3種類でしたが，同じ有価証券でも使われる場面によって呼称が変わったり，選択肢が変わったりしますので，いっ

図表1-2 発行場面ごとのエキゾティック証券の整理表

(1)　資金調達の場面	①上場会社 第三者割当新株予約権（ワラント），第三者割当新株予約権付社債（CB，リキャップCB），種類株式
	②未上場会社 種類株式，新株予約権（コンバーティブルエクイティ）
(2)　インセンティブ・人材採用の場面	①上場会社 新株予約権（ストック・オプション，時価発行新株予約権＝有償ストック・オプション），ESOP（普通株式と信託の組み合わせ），リストリクテッド・ストック（普通株式or種類株式），時価発行新株予約権信託
	②未上場会社 新株予約権（ストック・オプション，時価発行新株予約権＝有償ストック・オプション），時価発行新株予約権信託
(3)　M&A，MBOの場面	①種類株式 ②新株予約権（ストック・オプション，有償ストック・オプション）
(4)　事業承継の場面	①種類株式 ②新株予約権

たん表に整理します（図表1－2）。

　なお，本書はエキゾティック証券の評価や評価に関連する実務上の留意点などの解説を目的としているため，エキゾティック証券の価値評価が問題となる場面を中心に解説します。エキゾティック証券が公募の形式で用いられることもありますが，公募では多くの市場参加者が有価証券の値段を決定するため，定まった価格がそのまま公正価値と認められることが通常で，価値評価が問題となることはほとんどなく，本書の解説の対象にしていません。

　そうはいっても公募でも第三者評価が行われることもないわけではありません。2015年にトヨタ自動車が個人投資家に向けて公募で種類株式を発行して約5,000億円を調達した事例や，同年に大王製紙が公募で新株予約権付社債を発行して約300億円調達した事例では，価格の公正性に関する対外的な説明力をより高めるため，あえて第三者評価を行って評価書を取得し話題となりました。

（1）　資金調達の場面

①　上場会社：第三者割当新株予約権，第三者割当新株予約権付社債，種類株式

　上場会社は，エキゾティック証券の原資産となる株式が上場されていて流動性があるため，投資家としては換金可能性が高いため投資がしやすく，また，日々株価が変動しているため，市場株価の騰落により，市場売買によってキャピタルゲインを得ることも可能となります。

　上場会社の資金調達手法は，新株を公募により発行するのが主流ですが，エキゾティック証券を用いることによって，会社の財務状態や市場動向によって，リスクを抑えながら，または，会社の信用力以上に資金調達をすることが可能となります。

i）第三者割当新株予約権
　資金調達において新株予約権が用いられる場合，「ワラント」と呼ばれること

があります。ワラントによる資金調達は，近年では成長企業が希薄化の影響を抑えながら，企業の成長とともに段階的にその時々に必要となる資金を調達する仕組みとして使われるようになり，ワラント専門の投資会社や大手証券会社などが投資家として資本を投下しています。

　新株を公募や第三者割当で発行すれば，発行会社としては一度に資金を調達することができますが，発行会社の既存株主からみると，段階的に必要な資金を一度に新株式で調達されてしまうと，新株式の発行段階で議決権の割合は薄まるうえ，発行時に描いていた成長ストーリーが達成できないと，株式数が増えた分１株当たりの利益や純資産は減少し，１株当たりの株価も減少するおそれがあります。発行済株式数が増加することによるこのような効果を「希薄化」または「希釈化」といいます。

　一方，ワラントでは，最初から株式が発行されるわけではなく，権利行使がなされるごとに徐々に発行されるため，一度に希薄化が生じることにはなりません。そのため，例えば，権利行使のための条件として，段階的な業績や株価の条件を設定しておけば，企業が成長するごとに資金が調達され，反対に成長ができなければ希薄化が起こらない仕組みを作ることができます。

　なお，今となっては余談ですが，ワラントは投資家からすると初期投資額が小さく市場株価の日々の上昇によってキャピタルゲインを得ることができる仕組みですから，発行会社は会社の信用力以上に資金を調達できる可能性があります。このような性質を利用して，かつては，財務状態が悪化し，借入も公募もできない会社が最後の手段としてワラントを利用する事例が多数ありました。

　2005年頃には行使価格が市場株価とともに変化する仕組み（行使価額変動型）を利用してワラントを引き受けた投資家があらかじめ株式を一気に空売りして市場株価を引き下げたうえで，権利行使価格の下がったワラントを行使して株式を入手して空売りした株式を戻すスキームで，既存株主は株価が下がって損をし，ワラントを引き受けた投資家はほぼ必ず儲かるという構図での資金調達なども行われるようになりました。

　このような背景も相まって株主が発行会社に新株予約権発行の差止請求を行ってそれが裁判所に認められる事例も相次ぐようになり，2007年には取引所もこれらに関する新たな開示ルールを策定するなどして，既存株主への影響度が過度に高い事例が出てこないように対応していきました。

　しかしながら，ちょうどその後リーマンショック等の影響により，経済全体が苦境に立たされ，業績や財務状態が急激に悪化する上場会社も多く出現し，再びワラントに対するニーズが高まりました。さすがに，行使価額変動型はほとんどみられませんでしたが，赤字で債務超過のおそれがあるとしても，ワラントであれば資金が調達できる可能性がありますので，これを悪用して事業がほとんど停止状態であるのに存続するためだけにワラントを発行し続ける企業や，このような企業に近づいて最後の汁を吸おうとする投資家も現れました。

　このような事象を受け，2010年には取引所より「不適切な第三者割当の未然防止に向けて」との副題が付いた留意点をまとめた資料が開示され，取引所や財務局への事前相談実務も非常に厳しくなった結果，このような事例はほとんどなくなりました。

　今では経済全体が回復し，IPO市場も活性化していった結果，新興市場の上場企業などがさらなる成長のために段階的に成長する仕組みとして，多数の大手証券会社やワラント専門の投資会社が資金を投下するようになりました。

ⅱ）第三者割当新株予約権付社債

　ワラントは実際に権利行使が行われないと発行会社は資金調達が進行しないのに対し，新株予約権付社債（CB）では，社債を発行することになるため最初から資金を調達することができます。さらに，社債に新株予約権が付く分，低い金利で資金調達をすることも可能となります。

　投資家からしても，転換社債であれば，株価が上昇すれば社債の金利以上のキャピタルゲインを得ることができます。

　また，前述のとおり，資本業務提携の一手段としての利便性も注目されるよ

うになっています。

　上場会社において第三者割当による新株予約権付社債が利用されており，近年は年間約20件前後，公募によるものが30〜40件程度発行されています。

　加えて，近年CBが大きく注目されることとなりました。

　2014年に経済産業省が「持続的成長への競争力とインセンティブ〜企業と投資家の望ましい関係構築〜」プロジェクトを立ち上げ，検討内容を報告書にとりまとめて公表したのがきっかけです。この報告書は座長の教授の名を冠して伊藤レポートと呼ばれ，企業の成長のためには企業と投資家の協創，協調が重要であると説いており，企業と投資家の対話のための共通言語としてROE（Return on Equity，自己資本利益率）が強調して挙げられています。

　ROEとは，簡潔にいうと，利益を自己資本の金額で割った比率であり，伊藤レポートでは，ROE 8％を最低ラインとし，より高い水準をめざすべき，と説いています。このレポートを踏まえて，同年に議決権行使助言大手の米インスティテューショナル・シェアホルダー・サービシーズ（ISS）は，2015年度の議決権行使の助言方針として，過去5年間のROEの平均値と直近実績ROEがともに5％を下回る企業に対しては，株主に経営トップの取締役選任議案に反対するよう勧告する方針を発表しました。実際に大企業において役員選任議案の反対が増加し，以降毎年反対票が急増した企業の報道がなされています。これにより近年では，上場企業はROEを意識した経営を行うことが必須となっています。

　これがCBとどう関係するかというと，ROEを上げるためには，単純化すると，利益を上げるか，自己資本の金額を下げればよいわけです。株式を発行すると，自己資本の金額がただちに上がりROEは下がることとなります。一方，いったんCBとして社債で発行しておけば，発行会社としては資金は調達できる一方で，転換されるまでは自己資本の金額は上がらないので，調達した資金で利益を上げることができればROEは上がることとなります。

　この点に着目して「リキャップCB」と呼ばれる仕組みも流行しました。CBで調達した資金で自己株式を取得する仕組みです。これにより少なくともCB

が転換されるまでは自己資本の金額が負債に振り替わる（資本構成が再構成
（recapitalization，リキャピタライゼーション）される）ため，ROE が上がる
ことになるわけです。

iii）種類株式

　種類株式を活用すると，議決権の有無・比重のみならず，配当や他の種類の
株式への転換権などを含めて株式に関連する様々な経済的権利に差をつけるこ
とができ，この観点からの柔軟性，利便性が最も高いといえます。
　しかしながら，上場会社における種類株式の活用は多くされていません。
　まず，議決権について普通株式より有利な株式を発行した事例として，2014
年に上場した CYBERDYNE の事例が近年話題となりました。同社では，日本
で初めて複数議決権種類株式，すなわち，普通株式1株と種類株式1株では議
決権数が異なる方式を用いて上場しました。この他にも，拒否権付種類株式，
すなわち，特定の決議事項については，通常の株主総会の決議だけでは足りず，
拒否権付種類株主による株主総会決議が行われなければ，実施することができ
ない方式を導入している国際石油開発帝石があります。
　しかし，それぞれの株式はこれら1社ずつのみが採用しており，後発の事例
が出てきていません。
　上場会社は，公の会社であり，特定の株主が少数の株式を保有することをもっ
て，地位の保全を図ったり，買収防衛策のように用いることは許されません。
そのため，いずれの株式を発行するにあたっても，特定の株主により上場株式
の株主の権利が不当に制限されることのないよう，取引所がその必要性や他の
株主への権利への配慮について厳格に審査・判断することになっています。
　米国等では創業者による経営関与が企業価値に強い影響を与える企業につい
て，上場株主によるガバナンスを一定程度保つことができる範囲で，複数議決
権種類株式を発行する事例は多くあるところであり，今後の動向は引き続き注
目されますが，現状では事例が急増するとは考えられません。

　上場会社で，年間数件ずつですが種類株式が発行されるケースとしては，資本増強を行う必要があるけれども，何らかの事情で普通株式による調達が行えない，または行わない場合があります。

　例えば，過去多かったのは，地方銀行の経営が悪化し他の金融機関が救済するケースや訴訟等が提起されて財務状態が急激に悪化する懸念があって他の資金調達手法を採ることができず，ファンドがリスクを取って救済するケースなどです。これらのケースでは，高い配当利回りが設定される一方で，議決権は基本的になく，一定期日の償還条項や普通株式への転換条項が付されていることが一般的です。

　比較的CBに近い性質を有しているといえ，種類株式が発行されると株主総会関連等，様々な手続的煩雑さが生じることとなるため，通常はCBが選択されることが多いのですが，CBは一義的には負債であるため発行時点では資本増強になりません。そのため，短期間での資本増強が必要な局面においては，このような種類株式が選択されることとなります。

　これらの他，上場会社による種類株式の活用事例としては，無議決権株式自体を上場している伊藤園の事例やインセンティブとして役員に向けて種類株式を発行している太陽ホールディングスの事例などがあります。

②　未上場会社：種類株式，新株予約権（コンバーティブルエクイティ）

　上場していない会社（広義の非上場会社。本書で非上場会社をいう際，特にことわりのない場合はこちらの意味をさします）を大きく分類すると，上場等を目指すベンチャー企業（「未」上場会社）と，歴史が長く業績の安定した「非」上場会社（狭義）に分けることができます。非上場会社による株式等の発行は，事業承継や業務資本提携，M&Aなどが主な目的であり，純粋な資金調達を目的として株式等が発行されることはほとんどありません。

　そのため，この「未」上場会社の資金調達の項目では，主にベンチャー企業が資金を集める方法としての種類株式について解説し，非上場会社の他の目的による種類株式等の発行については，次項以降で解説します。

ⅰ）種類株式

　ベンチャー企業は事業の形成過程にあって安定していないことが多く，一般的に金融機関からの借入れが困難または不可能です。そのため，高いリスクを取って高いリターンを求める投資家，主にはベンチャーキャピタルから株式により資金を集めるのが一般的です。

　ベンチャー企業の段階では一般的に創業者の持株比率が高く，少ない株式で支配権を取るような交渉は成り立ちにくいため，経済的権利の部分で普通株式より優先的な権利を与えることが考えられます。

　数年前までは，ベンチャー企業の資金調達は普通株式によるのが一般的でした（2008年から2010年に上場した会社で種類株式を利用していた会社は4社のみでした[1]）。なぜなら，経済的権利といっても，ベンチャー企業がせっかく集めたお金を配当することは通常ないため配当優先権に実際の意味はないことが多く，残余財産分配請求権の優先権があっても，中途半端な状況で会社を清算する状況もほとんど稀であるため，種類株式にすることにあまり意義がなかったからです。そのため，種類株式を提案したとしても意義のない交渉要素を増やす結果になることが多いと考えられていました。したがって，出資自体は普通株式で行われ，その投資契約や株主間契約において，ガバナンスに関する条項などイレギュラーな事態への対処方法をいかに盛り込んでおくかに焦点が当てられていました。

　一方，近時の調査によれば，ベンチャー企業による種類株式の利用率は約65％から80％弱という数値が挙げられており[2]，種類株式の利用が急増しています。この背景として，経済産業省を中心とした研究会により普通株式と種類株式の価格差についての概念や価値評価に関する考え方が整理され，会社法についても経済的価格差を設けうる条項についての適法性に関して整理が行われたこと

1　有限責任監査法人トーマツ「平成23年度ベンチャー企業における発行種類株式の価値算定モデルに関する調査報告書」（2011年10月31日）2頁
2　保坂雄，小川周也「種類株式の最新実務(4) 種類株式を利用したスタートアップ・ファイナンス」旬刊商事法務2126号（2017年2月25日）49頁

と，種類の異なる株式の価格差について経済産業省により国税庁への確認がなされたことが挙げられます。

　実効性のある経済条件を優先株式に与えることができれば，投資家としてはより高い価値を付けて株式に投資することができます。

　この実効性のある経済条件として中心的なものに「みなし清算条項」があります。みなし清算条項とは，ベンチャー企業がIPOに至ったときはよいとして，道半ばで他の企業にM&Aで買われることになった場合などに，優先株主が優先的に金銭等の対価を受領することができるという条項です。

　以前は，このような条項を会社法上種類株式として定款に記載することができないとする説が有力であったことや，種類株式の評価方法が国内で理解されていなかったこと，税務上も普通株式と種類株式の価格差が認められるのかが判然としなかったことにより，みなし清算条項は日の目を見ていませんでした。

　そこで，経済産業省がベンチャー投資の活性化の一助とするため，種類株式に関する研究会を立ち上げ，2011年，2014年に報告書を公表し，これらの概念整理を行いました。その結果，前述のとおり，ベンチャー企業の資金調達の大半が種類株式を用いて行われることになったのです。

　ベンチャー企業の資金調達市場は近年非常に活性化しており，優先株式にどのような条件を付けると普通株式とどの程度差異が生じるのかという検討は多くのベンチャー企業で行われています。近時エキゾティック証券の価値評価の重要性が非常に高まっている1つの局面であるといえます。

ⅱ）新株予約権（コンバーティブル・エクイティ）その他のエキゾティック証券

　種類株式の項目で説明してきたとおり，ベンチャー企業は成長資金を株式で調達するのが通常であり，資金調達が投資家の判断で順次行われるワラントや，一義的には借入れとなるCBによる調達はほとんど行われることはありません。

　株式で調達を行うためには，会社法上，発行時点で価格を定める必要があります。しかし，創業後間もない会社では株式価値の評価が投資家と折り合わず資金調達が困難となることがあったり，株式に高い評価を付けすぎて次回の調達において値下げすることができずに交渉が困難になることなどがあります。

　そこで，これを解消しうる仕組みとして「コンバーティブル・エクイティ」という商品が徐々に事例として出始めています。コンバーティブル・エクイティは，株式・企業の価値の評価をいったん無視してとりあえず資金を投下して発行されます。その後きちんと企業が成り立って普通株式または種類株式が発行されたら，その発行価格を基準としてコンバーティブル・エクイティが株式に転換されるという資金調達方法です。米国のベンチャー投資では一般的に行われている方法であり，日本でも新株予約権を用いて同様の結果を導く方式が徐々に出始めています。

（2）　インセンティブ・人材採用の場面

①　上場会社：新株予約権（ストック・オプション，有償ストック・オプション），ESOP，リストリクテッド・ストック，時価発行新株予約権信託

ⅰ）新株予約権（ストック・オプション）

　新株予約権が最も多く用いられるのは，インセンティブを目的としたストック・オプションとしての場面です。上場会社だけでも年間数百件のストック・オプションが発行されています。ストック・オプションは発行企業から現金を拠出することなく付与対象者に対して新株予約権を配ることによって報酬を創出することができ，また，株価連動型の報酬であるため会社へのコミットメントを高める効果を期待できます。役職員の役割次第では通常業務の中では「売上」しか意識していない場合もあり，「利益」や「株価」といった経営者が指標とする目線を共有するツールとして用いることができます。

　さらに，新株予約権には，行使の条件を設定できるため「営業利益が1億円

を超えるまでは権利行使できない」などといった行使の条件を付けることにより経営目標を付与対象者に明確に伝達する手段としても機能させることができます。

ⅱ）新株予約権（有償ストック・オプション）

ストック・オプション導入企業からは，せっかく発行したのに期待する効果が十分に得られなかったという声もありました。国内の企業では，役員だけでなく従業員にもモチベーションを上げてもらいたいという思いから，全従業員を対象にするなど幅広くストック・オプションを付与するケースも多くありますが，広く配ろうとするとどうしても1人当たりの金額は比較的少額となりがちです。

そうすると受け取った側には，ストック・オプションへの理解度の問題とも相まって，なにやら株価が上がるとお金が少しもらえるらしい，といった福利厚生制度が1つ増えた程度の反応があるのみで，働き方が変わるような反応には繋がらないことがあります。

そこで，報酬として無料で配るのではなく，新株予約権とその条件，すなわち，経営者の意図をきちんと理解し，やる気がある役員従業員にさらなる目標と帰属意識を持たせる方法として，有償ストック・オプションという発想・制度が登場しました。

有償ストック・オプションとは，投資家に割り当てる資金調達目的の新株予約権（ワラント）と同様に，役員従業員に自己資金を投資として払わせて発行する新株予約権です。役員従業員が資金負担する投資という意味では，役員従業員が自社株を購入する持株会と似ています。

持株会制度は，役員従業員の資産形成を目的とした制度であり株価が上がり資産形成されることを狙って，役員従業員が自社株に投資するものです。会社としても役員従業員に企業価値および株主価値の上昇に対する投資機会を与えることで，役員従業員に株主目線の重要性を自覚させることができます。

　有償ストック・オプションの目的は持株会と同様であり，投資対象が株式ではなく，新株予約権という「株を買う権利」に投資してもらう点が持株会との違いです。有償ストック・オプション＝新株予約権は株式よりは安いので，初期投資が限定的である点が持株会と比較したメリットとなります。

　株式に投資すると株価の下落リスクをそのまま負う（例えば，10,000円で投資した株が2,000円に下がれば8,000円の損失が出る）わけですが，新株予約権への投資であれば，株価が下がれば初期投資分が損失になるだけで，それ以上の損失は出ません。そのため，新株予約権の条件と値段が納得できるものであれば，役員従業員にとっても比較的投資しやすくなります。

　有償ストック・オプションは，無償のストック・オプションと違い，役員従業員にリスクを取らせる手法であるため，有償ストック・オプションを導入する際には，対象者を厳選しきちんと説明会等を開いて，制度や付けられた業績や株価の条件とその意味を正しく理解してもらったうえで，付与対象者側も条件や将来性の吟味と覚悟を持って投資を行うこととなります。そのため，実際の付与の効果としては，無償のストック・オプションよりも，ストック・オプション本来の意義を強く引き出すことを期待することができます。

　また，詳しくは第5章「有償時価発行新株予約権」で解説しますが，会計面，法務面，税務面でも通常のストック・オプションとの性質の違いから，取扱いが異なる結果が生じます。評価の観点では，有償とするわけですので，公正価値がいくらか，会計上の評価額がいくらか，という点が論点となります。

iii) ESOP

ESOP（イーソップ，イソップ）とは，Employee Stock Ownership Plan の頭文字をとったものであり，企業が組成する株式給付制度です。2008年11月に経済産業省主導の検討会から「新たな自社株式保有スキームに関する報告書」（新たな自社株式保有スキーム検討会）が公表される前後から，信託銀行や証券会社により様々な仕組みが開発されてきました。大きく分けると「従業員持株

会型」と「株式交付型」があり，株式交付型には，「在職時交付型」と「退職時交付型」，役員向けと従業員向けとがあります。

2007年に日本初の事例が登場して以降，2016年までおおむね逓増傾向にありましたが，2017年，2018年は導入ペースが減少しています。

最も多い類型は，従業員持株会型であり，その目的は，福利厚生，帰属意識の浮揚，安定株主対策といわれています。従業員も一定額を拠出し，企業が株価下落リスクを取る従業員持株会型か，株式自体を交付するもの（株式交付型）であるため，株価の値動きが大きい企業よりは株価の安定した大企業が導入する傾向にあるといえます。

エキゾティック証券を用いたものではありませんが，オプション評価に近い考え方での評価が必要となる場面があります。詳しくは第6章「時価発行新株予約権信託®，リストリクテッド・ストック，ESOP」で説明しますが，従業員持株会型では，持株会が将来買い取る株式を，信託が金融機関から借入れを行ってあらかじめ購入しておく手法が取られます。この借入れは，導入会社が債務保証を付ける必要があり，信託は会社に対して債務保証料を支払う必要があるのです。そして，株価が下落すると信託が損失を負い，その損失は導入企業が補填することとなります。そのため，適正な債務保証料の金額は，将来の株価下落リスクを織り込んで損失の期待値をもって計算することとなります。

ⅳ）リストリクテッド・ストック

2016年4月に経済産業省から「『攻めの経営』を促す役員報酬～新たな株式報酬（いわゆる「リストリクテッド・ストック」）の導入等の手引～」が公表され，その中で日本の役員報酬の固定報酬偏重による弊害が改めて指摘され，株主と同じ船に乗って株価上昇を目指すための新たな一施策として，株式を報酬として直接交付することができるように会社法の整理がなされました（リストリクテッド・ストック）。それまでは，会社法上，労務を対価とした株式の交付は認められないと解釈されており，同様の経済効果を創出する方法として，ストック・オプションの権利行使価格を1円とすることによって，実質的に株式

をほぼ無償で交付する方法が考案され広く普及していました（株式報酬型ストック・オプション）。その後，課税関係も法改正によって統一的に整理され，本書執筆時点ではこれらの両方の手法が混在している状況にあります。

　価値評価の観点でいいますと，リストリクテッド・ストックと株式報酬型ストック・オプションは会計上差異が出ることが興味深い点です。

　リストリクテッド・ストックの仕組みは，会社が役員に報酬債権を付与し，役員がその報酬債権を（現物）出資して株式を受け取ります。この株式を売却するには，一定期間の会社への所属が要求されたり，業績等を達成する必要があるなどの条件が付いたりします（この場合，「パフォーマンス・シェア」と呼ばれます）。しかし，このような勤務条件や業績条件が達成しない間についても，株式としてはすでに交付されているため，その間の配当を受領することとなります。一方，株式報酬型ストック・オプションでは，権利行使を行うまでは株式ではないため配当を受け取ることはありません。

　リストリクテッド・ストックの会計処理は，始めに交付した報酬債権を基準に費用計上されます。本書執筆時点においては，「市場株価×交付される株数」で単純に費用計上額を計算される実務が一般的となっています。

　株式報酬型ストック・オプションでは，ストック・オプション会計基準に従って会計処理がなされますが，ストック・オプションの価値はオプション価値評価理論で評価することとなっています。評価理論上はストック・オプションを権利行使するまでの配当額が実質的に減価されるように計算されます。そのため，リストリクテッド・ストックよりも，株式報酬型ストック・オプションの方が費用計上額が安くて済むことになります。株価に対する配当率と権利行使期間次第では，株式報酬型の方が数十％安くなることもあります。

　経済的に同様の効果とされている両者に，このような差異があることはあまり認識されておらず，非常に興味深い点といえます。

　また，パフォーマンス・シェアの評価については，より適切な評価方法についての示唆がなされています。当然ながら，株式の売却になんら制限がない株

式と，一定の業績等の条件が達成されなければ売却できない株式には，理論上価値に差があります。

しかし，現状の実務では，事実上業績等の条件が無視されて運用されているように考えられ，会計上および会社法上の検討を改めて行う必要があるものと考えられます。この点は第6章をご確認下さい。

ｖ）時価発行新株予約権信託

ストック・オプションや有償ストック・オプションは，日々の事業運営や経営の成果を反映する株価の上昇と，それに直接寄与した会社の役職員個人の利益とを連動させるものですから，株主や経営陣と役職員とを同じ船に乗せることができるという点において優れた制度です。

しかし，いずれにしても，新株予約権という「一定の価格で」株を買う権利を「あらかじめ」付与する制度であり，付与時点で「発行株数も確定」されますから，付与後の状況の変化に対応しきれないことには留意が必要です。

ストック・オプションは一般的に中期のインセンティブであり，将来数年間の株価上昇に対する貢献を期待して発行されます。しかし，制度上「あらかじめ」「株数を確定」させなければなりません。そうすると，どうしても過去の貢献度や，場合によっては前職での活躍から，今後の貢献度を推測して付与株式数を決めることになってしまいます。

貢献すると思って多くの株式数を割り当てられた人が頑張らなかった場合，他の頑張った人たちのおかげで，売上，利益，株価が上がれば，結局頑張らなかった人も割り当てられた株数分儲かってしまうということが起きてしまうのです。実際の成果と報酬が連動していなければ他の役職員に不平等感が生じモラールの低下につながりかねません。

また，ストック・オプションは将来入社する役職員は基本的に対象にできません。ストック・オプションを発行しようと検討していても，事業運営は日々行われており，有力な社員が間もなく入ってくるかもしれない，交渉中である，という状況と並行するのはよくあることです。しかしながら，ストック・オプ

ションの発行を待っていると株価が変わってしまいますし，発行を先行すると少しの入社時期の差で大きなキャピタルゲインの違いが生じ不平等感が生まれてしまうことがあります。

　そこで近年開発されて導入が進んでいるのが時価発行新株予約権（有償ストック・オプション）を信託に付与するスキームです。このスキームでは，一度有償ストック・オプションを，役職員ではなく信託に割り当てます。そのうえで，毎回の人事評価等に連動するポイント規程などを作成し，そのポイントに応じて従業員やその後入ってくる方にも新株予約権が交付される仕組みです。

　いわば新株予約権をプールしておく仕組みで，新株予約権の付与対象者や株数を後決めできる仕組みとなっています。留意点としては，法と税制が複雑であり，取引所や財務局への事前説明に備え，法務・税務など複数の専門家の助言が必須となる点が挙げられます。

②　非上場会社：新株予約権（ストック・オプション，有償ストック・オプション），時価発行新株予約権信託

　上記①上場会社で解説した，株式を直接交付するリストリクテッド・ストックとESOPは，大きく2つの観点から非上場会社で導入されることはほとんど皆無です。

　1つ目は，上場を目指す会社は（最終的には上場せずに非上場会社として継続していくケースやM&Aによって他社と統合するケースなどもありますが），上場前に個人株主が増える手法は手続的な負担となりますし，何よりも株式を持つ従業員が退職することになった際などに，誰がその株を買い取るのか，いくらで買い取るべきなのかという問題が生じます。そのため，上場が確定するまでは株主を増やしたくないのが通常の経営感覚です。

　2つ目は，これらの手法では交付した株式の価値を人件費に近いものとして会計上費用計上する必要があり，上場前の利益が厚くない会社にとって負担が大きいという観点です。

そのため，これらの懸念がない，または解消しうる，新株予約権を用いた3つの手法であるストック・オプション，有償ストック・オプション，時価発行新株予約権信託を利用するのが一般的です。

ⅰ) 新株予約権（ストック・オプション）

新株予約権は行使の条件として退職後は行使できない，上場するまでは行使できない等としておけば，未上場の段階で株主が増加してトラブルとなるような事態は生じません。

会計面についても株式と大きく異なる結果となります。新株予約権をストック・オプションとして交付する場合，ストック・オプション会計基準に従って費用計上をする必要があります。しかし，ストック・オプション会計基準には「未公開企業における特例」が設けられています。これは，株式を取引所等に上場していない「未公開企業」については，株価情報が市場に存在せず，費用計上額の基礎となる公正な評価額を見積もることが困難である等の理由から，費用計上を行う会計処理の計算要素となる「公正な評価単価」に代えてその単位あたりの「本源的価値」の見積りによって費用の金額とすることが認められるものです。

「本源的価値」とは，ストック・オプションの付与時点における株価から権利行使価格を控除した値のことで，付与時点において既に生じているキャピタル・ゲインを表す金額といえます。ストック・オプションは，将来における株価の上昇を期待して従業員等に付与されるものであることから，通常，権利行使価格は付与時点の株価と同額もしくはそれよりも高い価額に設定されます。したがって，一般的なストック・オプションの付与時点における本源的価値はゼロであることが多く，事実上費用が計上されない（0円の費用が計上される）こととなります。

ⅱ) 新株予約権（有償ストック・オプション）

効果や法務面，税務面，公正価値の評価が必要となる点は上場会社と変わり

ませんが，会計面については取扱いが異なります。2018年1月12日に企業会計基準委員会（以下「ASBJ」といいます）より実務対応報告第36号「従業員等に対して権利確定条件付き有償新株予約権を付与する取引に関する取扱い」が公表されたことにより，権利確定条件の付いている有償ストック・オプションについては，ストック・オプション会計基準に当てはめて会計処理を行う必要があることが明確化されました。

　しかし，前述のとおりストック・オプション会計基準においては，「未公開企業」は費用計上額の計算が「本源的価値」により計算されるため，権利行使価格が付与時点の株価と同額もしくはそれよりも高い価額に設定される限り，本源的価値はゼロであり，事実上費用が計上されない（0円の費用が計上される）こととなります。

iii）時価発行新株予約権信託

　非上場会社における時価発行新株予約権信託は，先程説明した貢献度に応じて対象者と株式数を後で決めることができることや，後から入社した方も対象とできるというメリットがより顕著に現れやすいといえます。

　近年のベンチャー市場が活発であることとも相まって，成長基盤を構築している最中のアーリーステージのベンチャー企業においても，数億円や数十億円といった非常に高い株価が付けられるケースも多くなっています。資本政策の観点からは，株価が高く付けられることはメリットの方が大きいといえますが，インセンティブ構築の観点からは，株価がいきなり上がってしまうとその後のキャピタルゲインが減ってしまうので，ストック・オプション等のインセンティブ効果が薄くなってしまいます。そこであらかじめこの信託の仕組みを導入しておくことによって，このようなインセンティブ減退を回避することが可能となるのです。

　ベンチャー企業においては利益が乏しく多額の金銭報酬を出すことが困難な場合が多いため，ストック・オプションや有償ストック・オプションを採用のための誘引に用いるケースが一般化しています。近年では転職希望者が人材会

24

社のホームページで応募企業を選択する際，ストック・オプション制度の有無
でソートができるようにまでなってきており，採用とストック・オプションが
密接な関係となっています。

　しかしながら，上述のとおりベンチャー企業では非常に短期間で株価が上昇
することがあり，その場合ストック・オプションの魅力が減退してしまい，採
用にも影響が出てしまうことになるのです。

　最近では，AI関連銘柄などでベンチャー企業にもかかわらず，上場時に時価
総額が数百億円であるとか1千億円を超えるようなケースが出てきており，そ
の後の成長には高度な開発人材等の確保が不可欠であるにもかかわらず，あま
りに株価が高いとストック・オプション等の魅力がなくなってしまいます。そ
のため，あらかじめ株価が低い段階で新株予約権を購入しておいて信託に入れ
ておくことができる時価発行新株予約権信託の仕組みが非常に注目を集めてい
ます。

（3）　M&A，MBO の場面

①　種類株式

　種類株式は，株式の種類に差を設けることによって各株主の間での利害調整
に用いられるものです。そのため，100％買収の際には用いられません。

　また，一部買収の場合でも，定款変更や，既存株主との利害調整が必要であ
るため，特殊な場合を除き用いられません。特殊な場合としては，既存株主が
一定の議決権等を確保したい場合や，会社の状況からして既存株主が劣後する
のもやむを得ないといった場合などが考えられます。

　なお，2014年に会社法が改正されるまでは，少数株主から株式を強制的に買
い上げる方法（いわゆるスクイーズアウト）を実行する手段として，全部取得
条項付種類株式が用いられていました。現在では会社法改正とその後の税制改
正により，種類株式よりも簡便な株式併合や株式売渡請求制度が用いられるよ
うになっています。

②　ストック・オプション，有償ストック・オプション

M&A後のインセンティブは，統合プロセス（PMI）の観点からも非常に重要です。買収された企業の経営陣にとって，その後の努力がすべて買収者に吸い上げられると受け取られればモチベーションがついてこない可能性があります。

このような観点から，M&Aと（ほぼ）同時にインセンティブとして新株予約権（ストック・オプションや有償ストック・オプション）が発行されたり，買収者の株式にコール・オプションを設定（譲渡予約権）されることがあります。

（4）　事業承継の場面

①　種類株式

種類株式を用いれば，議決権や経済的権利に差異を設けることが可能となります。そのため，現経営者の経営権（議決権）を維持しつつ，株式を次の経営者に段階的に移したり，経済的権利のみを経営者とならない相続人に移したりといった工夫をすることが可能となります。

②　新株予約権

後継者が確定していないため株式自体はまだ特定の人に付与したくない場合や，将来株価が上がりすぎて後継者が株式を買う資金がなくて承継できなくなることに対する保険として機能させることができます。新株予約権をあらかじめ発行しておけば，その後の株価上昇リスクをヘッジすることができるからです。

また，現経営者が保有する株式にコール・オプションを設定する方法（譲渡予約権）もあります。

評価の必要性

1 なぜエキゾティック証券の評価が必要なのか

本章では，新株予約権・新株予約権付社債・種類株式を発行するにあたって，なぜ価値評価をする必要があるのかについて整理を行っていきます。

(1) 目　的

評価を必要とする目的は，大きく分けて3つあります。

①　取引目的

エキゾティック証券は企業が有価証券を発行または売買する取引ですので，適切な価格でないと，取締役等の責任追及や発行の差止請求または税務リスクの発生につながります。エキゾティック証券は普通株式と異なり，様々な固有の条件が設定されていることも多く，また，それ自体が頻繁に取引されることはほとんどありません。そのため，価格の指標として，理論的にエキゾティック証券から発生しうるキャッシュ・フローを確率的に計算し，現在の価値でいくらとなるかを評価する必要があります。

②　会計処理目的

企業が発行または保有しているエキゾティック証券を，一般に公正妥当と認

められた会計基準に従い会計処理し，財務諸表の利用者に開示することとなります。どのようなエキゾティック証券をどのような評価額で会計処理を行うかは，企業がエキゾティック証券の発行者であるのか保有者であるのか，発行したエキゾティック証券の種類や発行・保有目的などによって異なります。基本的には取引価格（帳簿価額）を参照するか，あるいは財務報告時点の時価（または公正価値）にて評価されることとなります。詳細については，エキゾティック証券の種類別に後章にて解説します。

③　裁判目的

　エキゾティック証券の発行，売買にあたっては適正な価格で行う必要があることは，「①　取引目的」に記載したとおりです。しかし，適正な価格でないと主張する株主などのステークホルダーがいる場合，発行差止請求や役員の責任追及として，裁判所にて両当事者が互いに適正な価格がいくらであるかの主張を戦わせることになります。また，状況によっては，裁判所が委嘱する鑑定人が理論的価値の評価を行うこともありえます。

（2）　説明すべき対象者

　エキゾティック証券の取引を行う際，その理論的価値を説明すべき対象は，一義的には取引の相手方です。しかし，企業を取り巻くステークホルダーは多く，エキゾティック証券の多くは将来的に新株式が発行される条件を伴うものであるため，既存株主に希薄化の影響が生じえます。そのため，取引当事者が上場会社や上場準備会社であれば，取引当事者の一方に不当に有利な条件とならないよう，ガバナンスのための機関や規制当局に対して，きちんとその理論的価値を説明できる状態で発行手続を進める必要があります。これがまさにエキゾティック証券の評価の必要性ということになります。

　エキゾティック証券の取引のために説明を要する先は，社内外で分けると下記のとおりです。

①　社内：対発行会社・経営陣，対監査役・監査等委員会，監査委員会

　エキゾティック証券の内容は複雑で，理論的価値の検討のためには専門的知識を要することも多いため，その発行や取引は，経営陣の青写真を前提に，経営管理部や財務部といった部署で詳細を検討されることが多いといえます。そこで検討された内容を経営会議や取締役会で承認を取り，その後，監査役会や監査委員会などの社内機関に説明をしていくことになります。

　エキゾティック証券の発行や取引は，将来の希薄化の影響があり，また，状況によっては企業の規模に対して取引規模が大きい場合も多くあります。そのため，監査役等から寄せられる質問も多く，厳しいものである場合もあります。

　ここで説明すべき内容は多岐にわたります。そもそもの発行の目的（資金調達の必要性≒資金使途とそれによる企業成長の可能性，さらには，代替手段と比較して当該方法を選択することの合理性），エキゾティック証券の内容・規模と合理性および発行目的との整合性，エキゾティックの理論的価値と価格決定プロセス，取引相手の適切性といった内容をきちんと説明できるように準備して進めていく必要があります。

　理論的価値については，専門的知識に基づく説明を要する場合も多く，通常のM&Aと比較すると異例と考えられますが，第三者評価機関が取締役会や監査役会に同席して，担当者の説明を補完する役割を担うこともしばしばです。

②　社外：対取引相手，対取引所・財務局，対第三者委員会，対株主，対税務当局，対監査法人

　社外の説明先はまずは取引の相手方となります。エキゾティック証券の内容は複雑であるため，多くのケースで，両当事者ともに詳しい担当者がいない場合や，投資家側のみが詳しくエキゾティック証券の発行会社には詳しい担当者がいない場合があります。両当事者に詳しい担当者がいない場合については，当事者間で交渉しながら内容を合意した結果が理論的には説明困難な条件になることがあります。また，投資家側のみが詳しいというケースでは，投資家側

に非常に有利な条件で交渉が進められることがあります。そのため，早い段階で専門家を起用して，交渉がやり直しとならないように進めていくことをお勧めします。

　次に取引所や財務局への説明があり，実務上はここがひとつの大きな山場となっています。その背景としては，過去エキゾティック証券を利用して市場が混乱させられたことが何度もあったため，取引所・財務局としてはそのようなことが起きることのないよう，厳しく監督をするようになったからです。詳しくは追って説明します。

　この他，対外的には，株主，第三者委員会，税務当局，監査法人に対して理論的価値の説明が求められることもあります。

2 ▌場面ごとのエキゾティック証券の評価の必要性

　第1章と同様の枠組みで，実際にエキゾティック証券が用いられる場面に分けて整理を行います（**図表2－1**）。大きく分けると，資金調達の場面，インセンティブ・人材採用の場面，M&A・MBOの場面，事業承継の場面となります。場面ごとにステークホルダーや視点が異なりますので，その整理を行っています。実際にその場面を検討する際にお役立てください。

図表2－1 　発行場面ごとのエキゾティック証券の整理表

場面	エキゾティック証券の種類	説明が必要な相手先
(1)　資金調達の場面	①上場会社 第三者割当新株予約権（ワラント） 第三者割当新株予約権付社債（CB，リキャップCB） 種類株式	▌取引目的 ①対付与対象者 ②対発行会社・経営陣 ③対監査役・監査等委員会，監査委員会 ④対取引所・財務局 ⑤対第三者委員会 ⑥対株主

		⑦対税務当局
		▮ 会計処理目的
		対監査法人
		▮ 裁判目的
		対株主
	②未上場会社 種類株式 新株予約権（コンバーティブルエクイティ）	①対付与対象者 ②対監査法人，対主幹事証券会社，対取引所 ③対株主，対税務当局，対裁判所
(2)　インセンティブ・人材採用の場面	①上場会社 新株予約権（ストック・オプション，時価発行新株予約権＝有償ストック・オプション） ESOP（普通株式と信託の組み合わせ） リストリクテッド・ストック（普通株式 or 種類株式） 時価発行新株予約権信託	▮ 取引目的 ▮ 会計処理目的 ▮ 裁判目的 の区分に応じて(1)と同じ
	②未上場会社 新株予約権（ストック・オプション，時価発行新株予約権＝有償ストック・オプション） 時価発行新株予約権信託	①対付与対象者 ②対監査法人，対主幹事証券会社，対取引所 ③対株主，対税務当局，対裁判所
(3)　M&A，MBO の場面	①種類株式 ②新株予約権（ストック・オプション，有償ストック・オプション）	▮ 取引目的 ▮ 会計処理目的 ▮ 裁判目的 の区分に応じて(1)と同じ
(4)　事業承継の場面	①種類株式 ②新株予約権	▮ 取引目的 ▮ 会計処理目的 ▮ 裁判目的 の区分に応じて(1)と同じ

本章は，場面ごとの整理に重点を置いて記載していますが，基本的な観点は「(1)資金調達の場面」で説明しており，その他，場面特有の留意事項があれば，各箇所に記載しています。

(1) 資金調達の場面

① 上場会社：第三者割当新株予約権，第三者割当新株予約権付社債，種類株式

上場会社による資金調達でエキゾティック証券を用いるケースは，関係者が最も多く，また発行会社に重要な影響を与えることが多い場面といえます。本書は実務で活用されることを目的としていますので，評価の各目的（取引目的，会計処理目的，裁判目的）ごとに極力時系列に沿ってどのような関係者にどのような説明をしていく必要があるかを解説していきます。

取引目的

ⅰ）対付与対象者

上場会社による資金調達の場面でのエキゾティック証券の発行は，経営陣から付与対象者への打診から始まることもありますが，付与対象者から経営陣への働きかけから始まることも多くあります。

このようなやり取りの中で対付与対象者との事前の価格交渉が行われることもあります。

どの段階で価格交渉をするとしても，多くの関係者が納得しうる理論的な説明が最終的には不可欠な要素となりますので，早い段階で専門家を起用しておくべきというのが，他の証券を用いた取引と大きく異なる点といえます。

繰り返しにはなりますが，エキゾティック証券の内容は複雑であるため，多くのケースで，両当事者ともに詳しい担当者がいない場合や，投資家側のみが詳しくエキゾティック証券の発行会社には詳しい担当者がいない場合があります。両当事者に詳しい担当者がいない場合については，当事者間で交渉しなが

ら内容を合意した結果が理論的には説明困難な条件になることがあります。また，投資家側のみが詳しいというケースでは，投資家側に非常に有利な条件で交渉が進められることがあります。そのため，早い段階で専門家を起用し，交渉がやり直しとならないように留意しておくことが必要となります。

ⅱ）対発行会社・経営陣

　エキゾティック証券の発行は，既存株主に対して将来の希薄化の影響があり，また，状況によっては企業の規模に対して取引規模が大きすぎる場合も多くあり，類型的に株主への影響度合いが大きい取引といえます。取締役は会社法上，会社に対して善管注意義務および忠実義務を負っています。すなわち，エキゾティック証券の発行は，株主により取締役の善管注意義務違反が問われうる取引であるといえます。

　このような責任追及があった場合，エキゾティックの発行価格が妥当であったのかという点について争われることとなります。取締役が善管注意義務および忠実義務を果たすうえで，適切な判断が要請されますが，判断の是非が問われる争いとなった場合に裁判において重視されるのは，判断の内容よりも判断の過程です。専門家を起用して適切に情報を収集し，その情報を踏まえて不合理でない判断が行われていれば，善管注意義務違反と評価されないというのが裁判所の原則的な考え方となっています。

　そのため，エキゾティック証券の発行は，専門家による理論的価値の評価が非常に重要となる取引といえます。

ⅲ）対監査役・監査等委員会，監査委員会

　監査役会や監査委員会などの社内機関への説明は，上場会社におけるエキゾティック証券の発行の局面においては，極めて重要なものとなります。取引所の定める規則によって，第三者割当に際しては，払込金額が割当を受ける者に特に有利でないことに係る適法性に関する監査役，監査等委員会または監査委員会の意見を開示事項とする必要がある旨が規定されています。

当然ながら，有利発行性に関して意見を述べてそれが開示されることとなるため，監査役も慎重な判断が行われることとなり，理論的価値に関して監査役等から寄せられる質問も多く，厳しいものである場合もあります。

監査役自身がエキゾティック証券評価の専門家であることはあまりありませんので，第三者評価機関が監査役会等に同席して，担当者の説明を補完する役割を担うこともしばしばあります。

iv）対取引所・財務局

取引所・財務局は既存株主・投資家の保護の観点から，重要な情報については，法定開示・適時開示において記載することが要請されています。そして，前述の通り，実務上はここがひとつの大きな山場となっています。事前相談の期間は一般的に2～4週間にわたって行われ，発行の目的（資金調達の必要性≒資金使途とそれによる企業成長の可能性，さらには，代替手段と比較して当該方法を選択することの合理性），エキゾティック証券の内容・規模と合理性および発行目的との整合性，エキゾティックの理論的価値と価格決定プロセス，取引相手の適切性について，厳しく質問され，詳細な開示を求められることとなります。

この背景としては，かつてエキゾティック証券が不公正に用いられることがあったことによります。エキゾティック証券が一躍注目を集めたものとして，2005年にライブドアがニッポン放送を買収しようとした際に，MSCB（行使価額修正条項付新株予約権付社債）800億円をリーマン・ブラザーズに対し割り当てることにより資金調達を行った事案があります。

MSCBは，株価が下落すれば行使価額も合わせて下方修正されます。ライブドアが発行したものは行使価額が発行時の3分の1まで下落する可能性があるなど，下落幅が非常に大きく，また，投資家が大株主からその保有株式を借り，投資家はMSCBの発行が公表され，インサイダー状態を抜けたら，借りてきた株を市場で大量に売り，市場株価を下落させたうえでMSCBを安い値段で転換すれば確実に利益を得ることができるものでした。

　このため，信用不安により借入れその他の資金調達ができない企業も上場さえしていれば利用できるものとして大きく広まりました。

　その後，株主による発行差止めが裁判所に認められる事例も現れるようにもなり，日本証券業協会は2007年2月に自主規制ルールを発表し，株価を下落させる時価以下の空売り等を制限するなど市場を混乱させかねない事案を規制するに至りました。

　そして株式市場はリーマンショック等の要因で低迷し，エクイティ・ファイナンス全体も減少していくこととなりますが，第三者割当によるエキゾティック証券の発行はさほど件数を落としませんでした。

　株式市場全体から資金が引き上げられ，市場全体で株価の下落が起こった結果，取引所の上場廃止基準である時価総額基準を意識せざるを得ない状況となったり，業績が悪化し債務超過により上場廃止となりそうになる企業が続出し，このような企業では借入れや公募等の資金調達はままならず，第三者割当によるエキゾティック証券によって延命するような事例が一定程度存在しました。

　当時はこのような藁にもすがる思いの企業につけ込み，新株予約権を権利行使して資本注入した金銭を別の名目で投資家に還流させるといった，不公正ファイナンスと呼ばれる事案も散見されることとなりました。

　このような状況を受けて東京証券取引所は2009年8月に有価証券上場規程を改正し，第三者割当に関する開示規制が強化され，金融庁もこれに合わせるかたちで企業内容等の開示に関する内閣府令を改正しました。これらの改正により，第三者割当が適切なエクイティストーリーに基づいているかの実態審査が取引所・財務局による事前相談を通じて行われるようになり，また，25％以上の希薄化を伴う大規模な第三者割当には，経営者から一定程度独立した者による第三者割当の必要性および相当性に関する意見の入手，または株主意思確認の手続が求められることとなりました。

　以降，取引所・財務局がいわば市場の番人として厳しく審査を行うようになり，その後のアベノミクスにより株式市場も再び活性化した結果，多数の金融

機関によりこれらの諸規則を遵守したうえでの様々な形態の新株予約権の提案が企業に対して行われるようになりました。今日では，成長企業によるその発行ニーズやエクイティストーリーに合わせたかたちでの新株予約権の発行が増加するに至っています。

ⅴ）対第三者委員会

上記の2009年の取引所および金融庁による第三者割当規制のひとつの目玉として，大規模第三者割当の規制がありました。大規模第三者割当とは，25％以上の希薄化や支配株主が異動する見込みがある場合をいいます。この場合，緊急性が極めて高い場合を除いて，経営陣から独立した者からの意見聴取または株主総会決議による株主の意思確認が必要となります。

加えて，大規模な第三者割当となる旨，行わなければならない理由，既存の株主への影響についての取締役会の判断の内容について開示したうえ，経営者から独立した者からの当該大規模な第三者割当についての意見を聴取するなど取締役会の判断の妥当性を担保する措置を講じ，その内容を具体的に記載しなければなりません。

この経営陣から独立した者として，一般には独立委員会が組成されます。独立委員会の検討項目は，取引所・財務局の事前相談と同様，大規模第三者割当の目的（資金調達の必要性≒資金使途とそれによる企業成長の可能性，さらには，代替手段と比較して当該方法を選択することの合理性），エキゾティック証券の内容・規模と合理性および発行目的との整合性，エキゾティックの理論的価値と価格決定プロセス，取引相手の適切性と多岐にわたり，法務，財務，当事会社の経営環境といった様々な観点からの検討が要請されます。

そのため，委員会の構成としては，同種の事例について経験値が高く知見の豊富な弁護士または法学者，オプション価値算定理論に長けた財務アドバイザー，当事会社の独立役員からそれぞれ1名ずつの計3名で構成されるのが一般的です。

何らかの事情により，上記のようなメンバー構成を実現できない場合には，

必要な知識を有する補助者を専任して補うケースもあります。

独立委員会が設置される場合，独立委員会に第三者評価機関が出席して，評価の考え方や前提条件等について説明することを求められることとなります。

vi）対株主

エキゾティック証券による資金調達によって最も影響を受けるのは既存株主です。エキゾティック証券の多くは，将来的に新株が発行されるものであるため，希薄化，すなわち株数が増えた分1株当たりの利益や純資産は減少し，1株当たりの株価も減少するおそれがあります。そのため，開示資料等をもって株主に対してエキゾティック証券が適切な価格で発行されたことを説明する必要があります。

また，上記ⅴ）対第三者委員会に記載したとおり，エキゾティック証券の発行が大規模第三者割当に該当する場合，株主総会により株主意思確認が行われる場合があり，株主総会でもエキゾティック証券の価値評価について質問等が行われることがあります。

vii）対税務当局

発行後に説明を要請される機会として税務調査があります。エキゾティック証券の発行は公正価値で行われなければ，発行会社または付与対象者に税務上のリスクが生じます。そのため，一般的には第三者機関による評価をもって税務当局に対してその公正価値を説明していくこととなります。

■ 会計処理目的

会計処理においては，財務諸表の利用者に対して，企業が発行したエキゾティック証券を，会計基準において要求された適切な価額にて評価し報告することが必要となります。

また，上場会社であれば財務諸表は会計監査の対象となります。近年，会計監査においても監査法人における評価の専門家による詳細な検証が必要とされ

ており，財務諸表の作成者となる企業の側としても，会計基準の要求する適切な手法によりエキゾティック証券を評価し，それを説明することが求められます。

　株式の会計処理は払い込まれた資本を純資産の部に計上するだけですが，新株予約権，新株予約権付社債の会計処理は場面等により考え方が異なりますので少し解説します。

ⅰ）新株予約権

　新株予約権については，企業が報酬として付与した場合に適用されるストック・オプションに関する取扱いと，それ以外の資金調達等を想定した金融商品としての取扱いとに区別して会計処理が検討されます。

　このうち，ストック・オプションについては，一般的に金銭の払込みを要しないことから，ストック・オプション会計基準の適用以前は，企業が従業員等の付与対象者に対して無償で新株予約権を付与したとしても特段の会計処理は行われないものとされていました。しかし，ストック・オプション会計基準の適用後は，企業が費消した労働サービスの価値を費用計上することが求められ，当該費用計上額を付与したストック・オプションの価値（公正な評価額）をもって測定することとなりました。

　そのため，現在では，ストック・オプションを付与する企業は，費用計上額の根拠となる情報として，付与したストック・オプションの評価を実施する必要があり，当該評価の前提条件等は監査法人による監査の対象になります。

　なお，ストック・オプション会計基準におけるストック・オプションの評価は，取引価格決定目的における評価のような一般的な金融商品の評価手法とはやや異なり，ストック・オプション会計基準固有のルールがあります。詳細は第5章にて解説します。

　また，金融商品としての新株予約権については，払込金額をもって純資産として計上されることが定められており，この払込金額は通常，取引価格決定目的の評価にて用いられる方法と同様の評価がなされます。

ii）新株予約権付社債

　新株予約権付社債については，会計基準上，①転換社債型新株予約権付社債と②転換社債型新株予約権付社債以外の新株予約権付社債とに分類して会計処理を規定しています。

　会計処理の方法としては，新株予約権付社債は，新株予約権と社債の両方の側面を有したエキゾティック証券ですので，これらをそれぞれ区分して評価し会計処理を行う方法（区分法）と，新株予約権付社債に設定された新株予約権と社債はそれぞれ独立して存在し得ないことに着目しそれらを一体として会計処理する方法（一括法）があり，後者は転換社債型新株予約権付社債にのみ認められています。いずれの方法を採用する場合においても，新株予約権付社債を（社債と新株予約権を個別に評価するかの違いはありますが）適切な方法により評価することが必要となります。

裁判目的

i）対差止請求権者・無効主張権者

　エキゾティック証券の発行が有利発行に該当するにもかかわらず，公正価値での発行を前提として株主総会決議を経ずに取締役会のみで手続が進められてしまうと，既存株主は不当な経済的損失を受ける可能性があります。そこで，株主には対抗手段として，発行前であれば発行の差止請求，発行後であれば新株予約権発行に関する無効の訴えが会社法に設けられています。

　上場会社においてしばしば問題となるのは差止請求であり，裁判所によりその判断がなされることとなります。発行会社としては，有利発行ではないことを主張するために，判断の前提となる第三者評価機関による評価に依拠して説明していくこととなります。このような裁判事例においては，M&A 等において普通株式の株式価値評価を巡る裁判例と比べても，理論的な内容に相当程度踏み込んで議論がなされる傾向にあり，専門家の起用が非常に重要といえます。

ⅱ）対損害賠償請求権者

　有利発行であるにもかかわらず株主総会決議を経ていない場合には，有利発行規制に違反したとして任務懈怠責任違反が問われたり，不適当な経営判断により損害が生じたとして善管注意義務違反を理由として損害賠償請求を受ける可能性があります。発行会社としては，このような損害賠償請求権者に対抗するためにも，第三者機関による公正な評価をあらかじめ取得しきちんと吟味したうえで意思決定を行う必要があります。

②　未上場会社：種類株式，新株予約権（コンバーティブルエクイティ）

　第1章で解説したとおり，未上場会社の資金調達でエキゾティック証券が用いられるケースでは，その大半が種類株式が用いられるようになってきています。新株予約権（コンバーティブルエクイティ）が用いられるのは，株価の決定が困難なスタートアップであり，既存株主等のステークホルダーも少なく，監査法人等の上場に向けた外部機関も存在しない会社であるため，対外的な説明のための評価が問題となることは少ないといえます。そのため，ここでは，種類株式の発行に焦点を当てて説明します。

ⅰ）対付与対象者

　ベンチャーファイナンスにおける種類株式に定められる条項は，株主間契約まで併せると他のエキゾティック証券発行場面に比べても非常に多く，価値に関する検討を十分に行う必要があります。

　種類株式の発行条件は，ベンチャーキャピタル等の専門の投資家から提案されることも多い一方，発行会社（ベンチャー企業）側に知見の多いCFO等がいないケースがあり，情報の格差が存在することがあります。稀に投資家側に非常に有利な条件が提案されていることもあるので注意が必要となります。

　種類株式と株主間契約が事後的に経営上のトラブルを引き起こすことも多くありますので，専門性の高い弁護士と財務アドバイザー等を起用して検討しておくことをお勧めします。

ⅱ）対監査法人，対主幹事証券会社，対取引所

　ベンチャー企業が上場するにあたってのプロセスには，監査法人，主幹事証券会社，取引所が重要な役割を果たします。上場にあたっては監査法人による上場申請直前期以前の2年間の財務諸表の適正意見が必要となります。主幹事証券会社は上場申請準備段階では資本政策や社内体制整備のアドバイス，上場に当たっての手続のサポートや公募・売出し等を引き受けるための会社内容の審査（引受審査）などを行います。最終的には取引所が上場審査を行います。

　まず，最初に登場するのは監査法人であることが多く，上場申請直前期以前の2年間より前に監査法人と契約して，会計処理や内部統制が監査に耐えうるようアドバイザリー契約を締結したり，株式上場を検討している会社に対して，株式上場の課題を検討し報告する調査（ショート・レビュー）を行います。

　そのなかで，種類株式の発行による資金調達は公正価値で行われていることを前提に会計処理が行われることが大半ですから，発行会社は第三者評価等をもって監査法人にその理論的価値を説明することが求められます。

　主幹事証券会社，取引所の観点でいいますと，上場申請期の直前々期以降に行われたエクイティ・ファイナンスは上場申請書類の開示項目であり，価格の算定根拠までを記載する必要があり，また，企業経営の健全性やガバナンスの観点からも，企業価値に重要な影響を及ぼすエクイティ・ファイナンスが適正なプロセス，価格で行われているか否かを審査します。

　ベンチャーファイナンスは，評価を取得せずに交渉等のみで価格が決定されることもあります。しかし，後になって監査法人等への説明のために評価が求められ，事後的に当時の評価の妥当性を検討するための評価書を依頼されることも多くあります。当時の経営状態や資産負債の状況，交渉で用いられた事業計画等により事後的に説明可能な状態であればよいですが，後で説明がつかないという状態に陥らないように，あらかじめ評価を並行検討しておくことが重要です。

iii）対株主，対税務当局，対裁判所

　種類株式の発行に際して，対株主，対税務当局，対裁判所への公正価値に関する説明が重要である点は，２（１）①で前述したとおりです。

（2）　インセンティブ・人材採用の場面

①　上場会社：新株予約権，時価発行新株予約権信託

　インセンティブ目的でエキゾティック証券が用いられる場面として最も典型的なものとしては，ストック・オプションとして新株予約権を発行する場合が挙げられます。一般的に，ストック・オプションは付与対象者に対して，金銭の払込みを要求せず（無償で）発行されることから，取引価格の決定のための評価という実務は通常生じません。ただし，会計上は，企業が費消した労働サービスの価値を費用として認識するため，当該労働サービスの価値を，対価として付与したストック・オプションの価値をもって測定することが求められます（会計処理目的の評価については上記（１）②参照）。

　また，近年では新株予約権を公正価値にて有償発行する有償ストック・オプションや時価発行新株予約権信託など，金銭を対価としたエキゾティック証券の発行を行うことも多くあります。このような場合のエキゾティック証券の評価は，会計処理目的というよりも取引目的の評価に準じた取扱いをすることが一般的です（取引目的の評価に関しては上記（１）①参照）。

②　非上場会社：新株予約権，時価発行新株予約権信託

　非上場会社におけるストック・オプションの会計処理においては，ストック・オプションの公正な評価単価に代えて，当該ストック・オプションの本源的価値（株価と権利行使価格の差額）を評価額として用いることが認められています。そのため，多くの非上場会社におけるストック・オプション実務では，特別な金融工学などが用いられることなく本源的価値により評価されています。

　また，非上場会社においても有償ストック・オプションや時価発行新株予約

権のような有償時価発行スキームは多く活用されていますが，その場合には，上場会社の場合と同様に，新株予約権の公正価値を算定する必要があります。ただし，上場会社の場合との大きな違いとして，新株予約権の評価の基礎情報のうち，市場にて形成された株式価格がないため，別途第三者評価機関による株価算定が必要となります。

（3）　M&A，MBO の場面

①　種類株式

MBO の場面において株式の種類に差を設けることによって各株主の間での利害調整が可能になりますが，種類株式の発行に際して，各ステークホルダーに対する公正価値に評価および説明が必要である点は，2（1）②で前述したとおりです。

②　新株予約権

買収された企業の経営陣のモチベーションを維持するために，M&A と（ほぼ）同時にインセンティブとして新株予約権（ストック・オプションや有償ストック・オプション）が発行されることがあります。

ストック・オプションであれば，会計処理の目的として，会計基準の要求する適切な手法によりエキゾティック証券を評価し，その説明をすることが求められ，有償ストック・オプションであれば，取引目的として，評価をし，各ステークホルダーに対する説明が必要になるのは前述したとおりです。

（4）　事業承継の場面

①　種類株式

事業承継において議決権や経済的権利に差異を設けるケースでは，IPO 等も予定されておらず，一般的には外部株主が（ほぼ）いない場合が多いため，最

も重視すべきは譲渡や新規発行に際しての税務を中心に検討することとなります。この観点から対外的に説明可能な公正価値に基づいて取引を行うことが肝要です。

②　新株予約権

　後継者が確定していないため株式自体はまだ特定の人に付与したくない場合や，将来株価が上がりすぎて後継者が株式を買う資金がなくて承継できなくなることに対する保険として，新株予約権（ストック・オプションや有償ストック・オプション）が発行されることがあります。

　ストック・オプションであれば，会計処理の目的として，有償ストック・オプションであれば，取引目的として，評価および説明が必要である点は，**2（3）**②で前述した通りです。

3　エキゾティック証券を巡る裁判事例

　過去エキゾティック証券の公正価値を巡る裁判事例は多く行われてきました。ここでは，評価の必要性への理解を深めるため，若干の解説をします。

（1）　有利発行に関する裁判所の判断基準

①　新株予約権

　新株予約権が有利発行にあたるか否かの判断について，発行差止めを巡る裁判例においては，オプション価値評価理論によって新株予約権の理論価値を算出し，新株予約権の払込金額と比較し，払込金額が理論価値を大きく下回るときは，有利発行に該当するという考え方が採られています。

②　新株予約権付社債

　新株予約権付社債についても判断の枠組みはおおむね同様です。しかし，新

株予約権付社債の場合は，払込金額は社債の総額とされ，新株予約権部分の価格は明示されません。そのため，裁判例では，新株予約権の実質的な対価は，新株予約権が付けられたことにより下げることができた社債の金利部分であるとして，引き下げられた金利の金額が新株予約権の理論価値を大きく下回るときは，有利発行に該当するという考え方が採られています。

　しかし，金融工学的には，新株予約権付社債の場合，新株予約権が行使される場合には行使金額として社債が充当されますので分離して評価するということはせず，一体となった1つの有価証券として評価されるのが本来的であるという点は付言しておきます。

（2）　新株予約権の差止めに関する裁判例

　主なものとして，ニッポン放送事件（2005年3月11日東京地裁決定），TRNコーポレーション事件（2006年1月17日東京地裁決定），サンテレホン事件（2006年6月30日東京地裁決定），オープンループ事件（2006年12月13日札幌地裁決定）があります。

　いずれの裁判例でも発行会社側で評価に用いたモデル，株価やボラティリティといったインプット，新株予約権に付いている取得条項の評価への織り込み方などについて細かい議論が展開されています。

　この4件の事例では裁判所が新株予約権の有利発行を認定するなどしたため，結果として発行が中止されることになりました。

（3）　新株予約権付社債の差止めに関する裁判例

　主なものとして，オートバックスセブン事件（2007年11月12日東京地裁決定），丸八証券事件（2008年11月19日名古屋地裁決定）があります。

　新株予約権付社債では，まず新株予約権部分の実質的対価の算定が議論の対象となり，新株予約権が付いていない社債と比べてどの程度金利が安くなったのかが争われます。

　そして，これらの裁判例でも，発行会社側で評価に用いたモデル，株価やボ

ラティリティといったインプット，株式の流動性や新株予約権付社債に付いている早期償還条項の評価への織り込み方などについて細かい議論が展開されています。

　なお，この２件の事例では，評価に対する詳細な議論が行われた結果，不合理でない評価が行われていたと認定され，有利発行に該当しないと判断されています。

（4）　新株予約権付社債の発行に係る損害賠償請求に関する裁判例

　主なものとして，大王製紙事件（2018年９月20日東京地裁判決および2019年７月17日東京高裁判決）があります。

　上記（2）（3）で紹介した６つの事例はいずれも第三者割当の事例でしたが，大王製紙事件は公募の事例であったこと，役員に対する損害賠償請求事件であることが特徴といえます。

　株主は，有利発行に該当するにもかかわらず株主総会を経ずに発行が行われ，結果として発効後に株価が下落したことによる損害の賠償を求めました。

　裁判では，公募の手続の中で価格が決定されたことについての有利発行該当性の判断への影響や公正価値評価の中で新株予約権の発行による市場株価への影響を評価に織り込むことの是非やその織り込み方の是非など，詳細な議論が行われました。

　その結果，有利発行に該当しないとして株主の訴えは棄却されました。裁判所の判断過程において，公募の手続により発行条件が決定された場合には，特段の事情がない限り，有利発行に該当しないこと，新株予約権の公正価値評価にあたって，新株予約権の発行による市場価格への影響を考慮することは不合理とはいえないことなどを判示したことは今後の実務に影響を及ぼし得るものとして注目されています。

第3章

一般的な評価手法

1 ■ エキゾティック証券の評価の基本的な考え方

　第2章で述べたように，エキゾティック証券とは，普通株式とは異なり，様々な条件が付されたデリバティブ取引を反映した有価証券です。しかしながら，その価値の見積り方法は，将来のキャッシュ・フローを現在価値に割り引くという，従来のコーポレート・ファイナンス（企業価値評価）と同じです。エキゾティック証券の価値は，エキゾティック証券を有していることによる期待値の現在価値と言えます。

　企業価値の計算方法と異なるのは，価値の源泉である原資産が，株価や為替であることから，市場価格によって価値が左右される可能性があることを考慮する必要があることです。

　また，エキゾティック証券には，普通株式には設定されていない無議決権の条項や，優先的に金銭を受け取れる優先配当，普通株式に有利に転換できる権利（オプション権）等，様々な条件を設定することができ，それぞれが密接な関係にあることが多いです。そのため，エキゾティック証券を評価する際には，これらの条項のうち，評価可能なものは織り込み計算することが必要となります。

　なお，無議決権のように，価値としては権利がない分低くなりそうな要素でも，その価値の見積り方法が確立していない条項もあり，評価には織り込めな

いものも存在します。無議決権については，将来のキャッシュ・フロー自体には影響を与えないことがほとんどであることから，数値化できないため考慮しないことが実務的には多いと考えられています。

転換権については，オプションという権利であり，この評価が本書での解説の中心となります。

（1） オプションとは

① オプションの定義

オプションとは，第１章でも述べた通り，一定の期間中に，一定の価格で，ある資産を購入または売却することができる権利のことです。新株予約権のように，普通株式を購入する権利（コール・オプション）だけでなく，普通株式を一定の金額で売却する権利（プット・オプション）も存在します。

オプションとは，「権利」であるため，一定の価値（保険料の意味合い）を有しており，それをオプション料（プレミアム）と一般的には呼んでいます。このオプション料を計算する手法は，公式に当てはめれば計算できるものから，コンピュータでのシミュレーションを必要とするものまで，多数存在します。どのような計算方法を用いるかは，都度，検討する必要があります。

なお，権利であるため，権利保有者にとって権利行使をするタイミングが自身にとって不利な場合は，権利行使を見送る（放棄する）ことができます。その場合には，最初に支払ったオプション料（プレミアム）は戻ってはきませんが，損失を限定的にすることが可能となります。

② オプションの種類（コール・オプションとプット・オプション）

無数に存在するオプション契約のうち，本章では，コール・オプションとプット・オプションの概要について解説します。

コール・オプションとは，ある商品を買うことができる権利であり，プット・オプションとは，その反対に，ある商品を売ることができる権利です。

　株式におけるコール・オプションとは，例えば，ある会社の株式が22,000円で取引されていて，権利行使価格22,000円で1年間の間に権利行使ができるコール・オプションが，2,000円で取引されているとした場合，2,000円でコール・オプションを購入し，1年後までの間に，株価が24,000円以上の価格（仮に25,000円）になった場合には，コール・オプションを権利行使し，25,000円で株式を売却することにより，1,000円（＝25,000円－2,000円－22,000円）分の利益が得られるという仕組みです。

　プット・オプションは，コール・オプションとは反対に売る権利であるため，同じく権利行使価格が22,000円で，1年間の間に売ることができるプット・オプションが2,000円で取引されているとした場合，2,000円でプット・オプションを購入し，1年後までの間に，株価が20,000円以下の価格（仮に19,000円）になった場合には，19,000円で株式を購入し，プット・オプションを権利行使し，22,000円で株式を売却することにより，1,000円（＝22,000円－2,000円－19,000円）分の利益が得られる仕組みとなります。

　プット・オプションを身近なものでたとえると，例えば飛行機の予約チケットがあります。変更不可のチケットは安く買える一方，払戻しが可能なチケットは割高に販売されています。これは，変更可のチケットにプット・オプション（購入金額で航空会社にチケットを売る（払戻す）ことができる権利）が付いているため，キャンセル可能な保険の分，価格が高くなっているとも考えることができます（もちろんそれだけの理由による価格差ではないはずですが）。

　取引相手がいることが前提ですが，当該権利自体を買うことも売ることも可能であるため，買う権利を買う，売る権利を売るなどの取引が考えられます。

③　オプションの価値

　オプションの価値とは，一言で言えば，その権利を保有している者が将来得られるであろう「期待利益の現在価値」です。

　金融商品全般，商品の時価とは，その金融商品を保有することにより，その保有者が将来いくらの利益が得られるか（期待利益）を数値化したもの（期待

値）と考えられます。言い換えれば，等価交換を原則とすると，将来一定の金額が得られる商品の価値は，現在価値の議論をいったんおいておくと，その得られるであろう金額と同額と考えられます。

ここで，期待利益の概念をサイコロでのゲームに置き換えて説明します。

サイコロを1回振り，出た目に1,000円を掛け算した金額がもらえるゲームがあったとした場合，そのゲームへの参加料はいくらが妥当なのかを考えます。

サイコロの目は1～6であり，その発生確率はそれぞれ6分の1であるため，その期待値（期待利益）は，

$1 \times 1,000円 \times 1/6 = 167円$

$2 \times 1,000円 \times 1/6 = 333円$

$3 \times 1,000円 \times 1/6 = 500円$

$4 \times 1,000円 \times 1/6 = 667円$

$5 \times 1,000円 \times 1/6 = 833円$

$6 \times 1,000円 \times 1/6 = 1,000円$

合計3,500円

と計算されます。

このゲームの期待利益は3,500円と計算されるため，ゲームへの参加料も3,500円であることが，ゲームの参加者にとって妥当な金額であることがわかります。金融商品においても，このサイコロのゲームでの期待値の計算のように，将来の発生金額と発生確率を掛けあわせて合算した値を期待利益として認識することが一般的です。

一方，同じ期待利益の額であってもその将来が今なのか10年後なのかによっても，価値が異なります。仮に，今3,500円を手に入れることができれば，それを10年間銀行に預けるだけでも，利息が入るため，10年後には3,500円よりも高い金額になっていることは明らかです。そのため，今の3,500円は10年後の3,500円よりも価値は高いものと考えられます。

ここで，現時点の3,500円と等しい10年後の期待利益はいくらになるのかがわ

かる指標があれば，時間のズレを解消し同一の時間軸で価値を比較することが可能になります。その考え方が，「現在価値」という概念です。

　現在価値とは，時間軸を今時点に統一することにより，将来の期待利益を現在時点の価値ではいくらなのかを示すものです。将来時点の期待利益を，今時点の期待利益に換算できる（割り引ける）ようにするための係数を，「現価係数」と呼びます。

　さきほどのサイコロのゲームでたとえると，現時点で賞金が受け取れるのであれば，参加料は3,500円で納得できますが，その賞金を受け取れるのが10年後という条件であれば，参加料は3,500円ではなく，もっと割り引かれた金額でなければ，参加者は納得しないものと考えられます。仮に，銀行の金利が1％だったとした場合，10年間預ければ将来約10％分の金利がつくことから，参加者が納得いく参加料としては，約3,170円（≒3,500円×90％）くらいになると考えられます。

　コール・オプションを買う側の立場で考えると，そのコール・オプションから将来どのくらいの利益が得られるのか，その将来の価値を今の価値に割り引いたらいくらになるのかを考えて，購入価格を決定することとなります。

　一方のコール・オプションを売る側の立場では，将来的にどのくらいの損失が出るかを考えて売却価格を決定することとなります。

　立場が違えば当然，将来の見積り方も異なるため，取引を実施するには，オプションの評価に必要なパラメータのどこに違いがあるか，お互いに確認する必要があります。

　しかしながら，基本的な考え方は，期待利益の現在価値がオプション料となるということです。

（2）　オプションの計算に必要なパラメータ

　ストック・オプションについて，オプションの計算に最低限必要なパラメータとしては，下記の6つが挙げられます（各基礎数値については，第4章にて詳述します）。

①　原資産

　コール・オプションとは，ある金融資産（原資産）に対して，一定の資金を支払って購入することができる権利であるため，その金融資産が，いま現在いくらの価値があるのかが，評価には必要となります。ストック・オプションであれば株価，為替であればその時価（1ドル110円等）として，計算時点のマーケットデータが必要となります。

②　権利行使価格

　ある金融資産（原資産）を手に入れるために，いくらの金額を支払うかを決める部分です。一般的には原資産との価格差の関係を3種類の呼び方で表しています。コール・オプションを保有している側からの立場で説明すると，以下のとおりです。

（ⅰ）アット・ザ・マネー
　　　原資産と権利行使価格が同額の場合。
（ⅱ）イン・ザ・マネー
　　　原資産の価格よりも，権利行使価格の方が低い場合。仮にすぐに権利行使をした場合，すぐに利益が得られるような状態です。
（ⅲ）アウト・オブ・ザ・マネー
　　　イン・ザ・マネーの逆で，原資産価格よりも，権利行使価格の方が高い場合。権利行使をしても利益が得られないため，権利行使するには，原資産の価格が上がるまで待つ必要があります。

　ちなみに，プット・オプションを保有している立場からすると，原資産の価格よりも権利行使価格の方が高い方を，イン・ザ・マネーと呼びます。つまり，イン・ザ・マネーとは，保有者が利益を得られる立場にいる状況を指します。

③ 期　間

　権利行使価格でいつまで使えるかを決めます。「満期日」と呼びますが，オプ
ションを保有してから満期日までの期間が長いほど，時間的価値が大きいと言
えます。大きく分けて 3 パターンあり，それぞれ，次のとおりです。

（ｉ）　アメリカン
　　　オプションを保有したときから満期日までいつでも権利行使可能なオプ
　　　ションで，価値は一番高くなります。
（ⅱ）　ヨーロピアン
　　　オプションを保有していても，権利行使できるのは満期日だけというもの
　　　です。
（ⅲ）　バミューダン
　　　オプションを保有してから，一定期間は行使不可の期間がありますが，そ
　　　の後は満期日まで権利行使可能というものです。

　税制適格要件を満たしたストック・オプション等は，一般的にはバミューダ
ンオプションであり，割り当てられてから最初の 2 年間は権利行使不可で，そ
の後は自由にいつでも権利行使ができるという，ヨーロピアンとアメリカンを
組み合わせたような条件になっています。
　アメリカとヨーロッパの間にあるバミューダ諸島から名づけられたと言われ
ています。日本からすると，アメリカとヨーロッパの間はアジアと思われます
が，アジアンオプションと呼ばれるものは別の条件で存在しており，権利行使
価格が過去の値動きの平均値に修正される条件のオプションを呼ぶ際に用いら
れています。

④ 無リスク利子率

　権利行使価格を設定した通貨のリスクフリーレートを表します。日本の会社
が発行するストック・オプションであれば，権利行使価格は日本円に設定され

るため，無リスクの利子率も日本の国債の利回りを参照することとなります。

　無リスク利子率，リスクフリーレート，リスクレスレート等呼び名はいろいろありますが，どれも同じパラメータを指しています。この値が，現在価値に割り引く際の割引率の基となります。

⑤　配当率

　原資産である株式における配当額を，原資産の価格で割ることにより計算できます。

⑥　ボラティリティ

　変動性とも呼ばれています。金融商品であれば日々原資産の値動きがありますが，その値動きの激しさを表す指標となります。この値が大きいと，より値上がり益が期待できることから，オプションの価値は高くなる傾向にあります。

2 ■ オプションの評価モデル

　オプションの評価モデルとしては下記の3つが挙げられます。

（1）　ブラック・ショールズモデル

①　定　義

　オプションの評価モデルの前提条件として，株価の収益率（変化率）は，正規分布に従うという決め事があります。ブラック・ショールズ式はその前提で公式ができています。ちなみに，収益率が正規分布に従うということは，収益率のバラツキが，ある決まった形（釣り鐘型）の分布図に従った値に収まるということを表しています。変化率の値の発生確率は，0％が一番高く，左右対称になだらかに下がっていきます。

　ブラック・ショールズ式は，公式にパラメータを当てはめるだけでオプショ

ンの価値が計算できるため，簡単に計算できるモデルと言われています。しかしながら，ヨーロピアン（オプションの期間の満期日にのみ権利行使可能）タイプの計算しかできないため，汎用的ではないモデルでもあります。ブラック・ショールズ式の計算の前提に当てはまるオプションであれば，計算時間は短く解析的に計算結果が算出されるため，非常に使い勝手のよい評価モデルと言えます。

② 評価方法

ブラック・ショールズ式は，下記のような公式となっており，下記①から⑥の数値を含む算式で計算できます。

$$C = e^{-dt}SN(d_1) - e^{-rt}KN(d_2)$$

$$d_1 = \frac{\ln\left(\dfrac{S}{K}\right) + \left(r - d + \dfrac{\sigma^2}{2}\right)t}{\sigma\sqrt{t}}$$

$d_2 = d_1 - \sigma\sqrt{t}$

C：オプション価値

① K：権利行使価格

② t：満期までの期間

③ S：算定時点における株価（原資産価格）

④ σ：株価変動性（ボラティリティ）

⑤ d：配当利回り

⑥ r：無リスク利子率

$N(\ )$：確率累積密度関数

仮に，以下の条件の新株予約権の価値をブラック・ショールズ式で計算すると，

前提株価＝100円

行使価格＝100円

配当率＝ 0 ％（ 0 円÷100円）

無リスクレート＝ 0 ％

期間＝ 5 年

ボラティリティ＝50％

新株予約権（コール・オプション）の価値は，約43円となります。

　つまり，最初に新株予約権を購入するために43円を支払い，新株予約権者となり，その後，権利行使価格100円を払って行使することで，1株あたり143円で株式を手に入れることが可能となります。実際に行使するタイミングは，株価が143円以上の時になるものと考えられます。

　なお，最初に43円を支払ったから，権利行使時には，残りの57円（＝100円－43円）を支払えばよいと，勘違いされやすいですが，新株予約権の価値は，あくまで，「将来100円を支払って新株を手に入れることができる権利」であるので，最初の購入代金と権利行使価格とは別物になります。

（2） モンテカルロ・シミュレーション

① 定　義

　将来の金融商品の値動きは確実には予想できないため，起こり得るであろう株価の値動きを，コンピュータを用いてシミュレーションを行い，その結果から得られるキャッシュ・フローを計算する方法を「モンテカルロ・シミュレーション」と呼びます。

　ブラック・ショールズ式の公式では評価することが困難な発行条件の有価証券を評価する場合に，その公式から解析解を出すのではなく，起こり得る事象（株価の値動き）を何回もシミュレーションすることにより，そこから得られるキャッシュ・フロー(期待値)の平均値（シミュレーションにより得られるキャッシュ・フローの合計値を試行回数で割った値）を求める方法です。株価の動きは実際には 1 つしかありませんが，それは無限な可能性の中の 1 つであると仮定することとなります。シミュレーション回数が多ければ多いほど，評価結果

はより理論値に近づきます。

　この方法を用いれば，ブラック・ショールズ式では評価に織り込むことが困難であった条件等も，条件による場合分けが可能となり，評価が可能となります。

　モンテカルロ・シミュレーションは，オプションの評価以外にも，様々な用途に使われています。企業価値計算や，プロジェクトのリスク評価のみならず，渋滞の発生確率および時間の予測，ロケットの軌道分析等，数えあげたらきりのないほどです。非常に複雑な事象の解析も，難解な解析的モデル（計算式）を使用せず，可能とした画期的な手法と考えられます。

②　評価方法

　モンテカルロ・シミュレーションでは，将来の相場を，与えられた確率変動条件（ボラティリティなど）のもと，何度もシミュレーション（試行）します。シミュレーションには，乱数を使って行いますが，それには一定の条件が設定されることとなります。

■どの数字の出現頻度もある1つの確率分布に従っていること
■どの数字も他の数字と関係がないこと

　乱数とは，この2つの条件を満たすようにして得られた一群の数を意味します。つまり，でたらめな数の集まりで，サイコロを振って出る目の数の系列のようなものです。

　サイコロの目の出方は，以下の条件を満たしていると判断されます。

■どの目も一律に6分の1の確率で出現する
■過去に出た目の影響を受けない。1が5回連続して出たとしても，6回目に1が出る確率は6分の1のまま変わらない

　モンテカルロ・シミュレーションのメリットは，計算の対象となる資産数や

58

キャッシュ・フロー数の増加に対し，計算量が他の計算法では指数的に増加するのに対して，比例的にしか増加せず，計算効率がよいということです。

　また，複雑な条件の金融商品であっても，その商品の条件をif文などの数式に反映する形で，条件を評価に織り込むことが可能となります。

　株価のシミュレーションモデルでは，一般的に下記のような数式で，株価を変動させています。

$$S_1 = S_0 \times \exp\left\{\left(r - d - \frac{\sigma^2}{2}\right)dt + \sigma Z\sqrt{dt}\right\}$$

- ■S_0：現在の株価　■S_1：1区間後の株価　■r：無リスク利子率
- ■d：配当率　■σ：株価変動性　■Z：標準正規分布に従う確率変数
- ■dt：時間1単位の変化

　ここで，exp{ }は，指数関数eの{ }乗という意味です。乱数は，Zの部分ですが，ここが確率分布に従った乱数が都度発生する形となります。S_1を次の日の株価，S_0を現時点の株価とすると，現時点の株価S_0に係数を掛けると，

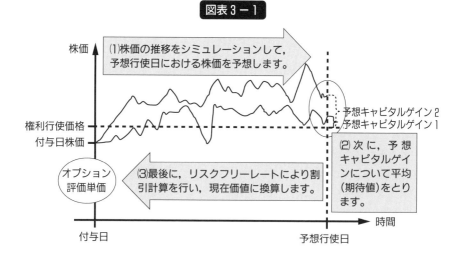

図表3−1

次の日の株価 S_1 になるという意味の式になります。これを，S_2, S_3, ……と続けることで，満期日までの株価をシミュレーションすることが可能となります。

　オプションの評価を実施するには，**図表 3 － 1** のようなシミュレーションを実際には踏まえることとなります。

　図表の(1)で，前述の株価変動式を用いて株価をシミュレーションし，

　図表の(2)で，株価と行使価格の差額（キャピタルゲイン）を計算し，

　図表の(3)で，現在価値に割り引くことで，シミュレーション 1 回当たりの新株予約権の価値が計算できます。モンテカルロ・シミュレーションは， 1 回や 2 回だけの株価のパスを発生させるのではなく， 1 万回，10万回ほどのシミュレーション回数を設定することで，より精緻な値に近づけることとなります。

　シミュレーション回数を増やすことで精度は上がりますが，その分計算時間が膨大になる可能性があるため，ある程度の収束を見極めシミュレーション回数を設定することが必要となります。

（3）　二項モデル

①　定　義

　二項モデルは，株価の分布を**図表 3 － 2** のように上がるか下がるかの 2 つに

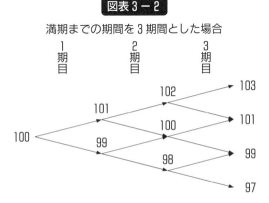

図表 3 － 2

満期までの期間を 3 期間とした場合

分け，満期までの期間を一定の期間で区分して株価の動きを表現して，満期日から期待値を逆算してオプションの現在価格を求める方法です。

② 評価方法

　図表3－2では，3期間の分岐を表していますが，スタートを100円，次の区間には，101円と99円，3期目を満期とすると，103円，101円，99円，97円という分布になります。権利行使価格を100円とすると，満期日時点では，103円の時は3円の儲け，101円の時は1円の儲け，99円，97円の時は行使せず儲けはゼロとなります。

　そして2期目では，現時点で行使すると2円の儲けですが，1区間後の満期まで待つと3円または1円儲かる可能性があります。1区間分待つことで，3円と1円の期待値の現在価値と現時点の儲け2円とを比較をすることで，今行使するか，あるいは待ったほうがよいのか，経済合理性のあるほうが選ばれることとなります。

　そうしてスタート地点まで，得するほうを選択してきた結果の期待値が，二項モデルでのオプションの価値ということになります。

　二項モデルのほかに三項モデルなども存在しますが，これは，株価の推移パターンを上がるか下がるかの2パターンに加えて，変わらないという3番目のノードを設定した場合のモデルになります。計算の精度は上がると言われていますが，ノードを増やした分，計算量は跳ね上がるため，より高性能なコンピュータと計算時間が必要となると考えられます。

　簡単に計算できるブラック・ショールズ式との違いは，ヨーロピアンタイプではなく，アメリカン（オプションの期間中権利行使が可能）タイプのオプションの計算が可能である点が挙げられます。途中の権利行使の可能性を計算に織り込めるため，配当を実施している企業の新株予約権の計算などには，二項モデルで計算したほうがよい場合も考えられます。

　Excel でも計算することは可能ですが，ノードを細かく設定するとデータ量が膨大となり，ソフトウェアの起動にも時間がかかることから，プログラミングを組んで計算するほうが，結果的には計算時間は短縮できるものと考えられます。

（4）　グリークス（価値への影響度合い）

　グリークスとは，オプションの価値に影響を与える各パラメータが，それぞれどのくらい数値が変わったらオプションの価値がどれくらい変わるのかを表す指標です。パラメータごとにグリークスは存在し，各グリークスは，本来であればその指標で微分を行って計算することとなりますが，各パラメータを1％ずらし，そのオプション料の変化額を比較することでも測ることが可能となります。

①　デルタ

　株価の変動に伴う，オプションの価値の変動を表す指標です。
　アット・ザ・マネーのオプションのデルタの絶対値は0.5（50％：一般的にはパーセンテージで表記されます）となります。これは株価が1％変動したとき，オプションの価値は0.5％変動することを意味しています。

②　ガンマ

　株価の変動に伴う，デルタ値の変動を表す指標です。

③　ベ　ガ

　ボラティリティ（株価変動性）の変動に伴う，オプションの価値の変動を表す指標です。

④　セータ

　時間の経過に伴う，オプションの価値の変動を表す指標です。

一般的には負の値となり，時間の経過とともに減少幅が大きくなっていきます。

⑤　ロ　ー

金利（無リスクレート）の変動に伴う，オプションの価値の変動を表す指標です。

⑥　イプシロン

配当率の変動に伴う，オプションの価値の変動を表す指標です。

コラム1　オプションは宝くじではない（リスク中立の考え方）

オプションの価値は『期待利益の現在価値』であり，前述のようにサイコロゲームを使ってその価値の出し方を解説しました。しかしオプションはサイコロゲームとは全く異なる性格があります。言い換えれば，オプションはサイコロゲームのような「賭け」ではないのです。

それが『リスク中立』です。

サイコロゲームでは4以上の目が出ない限り賭けには勝てません。したがって，プレーヤーは4以上が出るという強い相場観がなければ参加しません。

しかしオプション取引において，相場観（今より上がるか下がるか）は最終的なゲームのリターンには影響を与えないのです。

例えば，現時点の価格が1株100円の株式Aがあるとします。また二項モデルで説明したように，1ヵ月後に105円に上がっているか，95円に下がっているかが2分の1の確率で，どちらかしかないと考えます。

この時株式Aを1ヵ月後に100円で買う権利（コールオプション）を買った場合，サイコロゲームにならえば，105円になった場合の期待値は（105-100）×0.5=2.5円となります。一方で，95円になった場合，権利行使はしないので期待値はゼロとなり，オプションの価値は合わせて2.5円になります。

もし，このオプションが1円で買えたとしたらペイオフ（損得）は理論的には1.5円得することになります。しかし実際のペイオフを考えると，このオプションでは105円になった時にしかリターンは出ませんし，95円に下がった時には1円の損失が発生します。

もしこのオプションを2単位買った時のペイオフは次の通りです。

現時点	1ヵ月後	ペイオフ （オプション料＋権利行使）
100	105	－1.0円＋（105－100）＝4.0円　　4.0円×2単位＝8.0円
	95	－1.0円×2単位＝－2.0円

　即ち，105円になれば8円リターンが出ますが，95円になった場合は2円の損失が出ます。

　折角割安で買ったオプションですが，このままでは損失発生のリスクが存在することになるのです。

　そこで『リスク中立取引』の登場です。

　このオプションを購入すると同時に株式Aを1単位市場で空売りします。すると1ヵ月後のペイオフはどうなるでしょうか。

現時点	1ヵ月後	ペイオフ （オプション料＋権利行使）	株式A空売りの ペイオフ	合計
100	105	＋8.0円	－5円	＋3円
	95	－2.0円	＋5円	＋3円

　結果，空売りをすることでどちらに動いても必ず3.0円リターンが出るポートフォリオが完成しました。要するにリスクゼロでリターンを得ることが可能となったのです。

　このように，相場の変動に対してオプションの価値が影響を受けないようにすることを『リスク中立取引』，専門用語ではデルタ・ヘッジ取引と呼ばれています。本来オプションは，一般的な株式取引のように相場の方向にベット（賭け）するものではなく，将来の相場の変動性（ボラティリティ）の大きさにベットするものです。

　現時点で期待されているボラティリティより実際のボラティリティが大きかった場合，オプションの購入者はリターンを得ます。

　上記のケースでは現時点での予想ボラティリティが±5円であり，オプションの理論価値は2.5円でした。

　もし実際は予想以上に相場が動き±10円，110円か90円になったとしましょう。

　その時，理論価値である2.5円を支払って，オプションを購入し，同時にデルタヘッジを行ったオプション保有者のリターンは以下の通りとなります。

現時点	1ヵ月後	ペイオフ (オプション料＋権利行使)	株式A空売りの ペイオフ	合計
100	110	(−2.5円＋10円)×2単位 ＝＋15円	−10円	＋5円
	90	(−2.5円＋0円)×2単位 ＝−5円	＋10円	＋5円

　ボラティリティが当初の予想以上に大きかった場合は，相場が上がっても下がっても期待値（−2.5円）以上のリターンが出ることになりました。これがボラティリティにベットするということです。

　市場で幅広く流通するオプションを大量に保有する金融機関の場合，リスク管理ツールを駆使し，保有するオプションの価値に影響を与える市場変動リスクを中立に保つことを心掛けます。単純に保有するオプションの反対取引を行うこともヘッジですが，通貨オプション市場のマーケット・メーカーである金融機関は，オプションを売買したことにより自らが抱えることになる為替および金利変動リスクを，先物直物の為替取引を行うことでデルタ・ヘッジし，リスクをコントロールしながら，期待値以上のリターンを得ることを目指しています。

　デルタとは，前述の通り，原資産の変化に対するオプション価値の感応度です。金融機関のデルタ・ヘッジは，それぞれが抱えるオプションのリスクが大きいほど，原資産の需給に影響を与える可能性があります。また複雑な金融商品になるほど，デルタ・ヘッジの値が大きく変動するリスクがあるため，市場への影響が大きくなる傾向があります。

　通貨オプションの場合，原資産である為替市場は24時間取引が可能であり，その動きが激しい場合，想定以上にヘッジのためのオペレーションコストがかかる場合もあります。

　その他にも，ボラティリティの変化に対応するヘッジをベガヘッジと呼んでいます。

　金融機関は保有するオプション価格を構成する様々なパラメータの変化に応じたヘッジ手法を取り入れ，極力リスクを中立に保つことによって，市場変動に対する損益の変動を軽減しています。様々なオプションの評価モデルも，このような合理的なヘッジが行われることを前提にしています。

コラム2　**ボラティリティは相場の乖離幅ではない（『行って来い』の相場でも儲かるしくみ）**

コラム1 で例に挙げた，株式Aの2ヵ月後の相場を占ってみましょう，二項モデルを使えば以下のようになります。

現時点	1ヵ月後	2ヵ月後
		110
	105	
100		100
	95	
		90

　もし2ヵ月後，現時点と同じ100円であったとしたら，株式Aを現物で所有していた場合，当然ペイオフはゼロとなります。

　ではオプション保有者のペイオフもゼロとなってしまうのでしょうか。

　答えはNOです。オプションで保有していた場合，結果として相場がスタート時と同じであってもリターンを得ることが可能です。その点が現物で株式を保有する場合との決定的な違いになります。

　ここでは分かり易いように，前述の株式Aのコールオプションを4単位購入することにしましょう。そして，株式現物取引を利用し，『リスク中立』となるようなデルタ・ヘッジ取引を連続的にしていくことにします。

　デルタ・ヘッジとして，以下の通りその時点の市場株価で株式現物での取引を行います。

現時点	1ヵ月後	2ヵ月後のペイオフ	合計
		110円 (100−110)×2単位＝−20 (105−110)×2単位＝−10	−30円
	105円 （2単位売却）		
100円 （2単位売却）		100円 (100−100)×2単位＝0 (105−100)×2単位＝＋10	＋10円
	95円 （2単位買戻）		
		90円 (100−95)×2単位＝＋10	＋10円

現時点では空売り2株，1ヵ月後105円になっていた場合には追加で空売り2株（合計空売り4株），逆に95円になっていた場合は2株買い戻すというデルタヘッジを行います。

ここでオプション価値を考慮しないオプション取引のペイオフを加えると全体のポートフォリオのペイオフは以下の通りとなります。

現時点	1ヵ月後	2ヵ月後	オプションのペイオフ	デルタヘッジのペイオフ	合計
100円	105円	110円	$(110-100) \times 4$ = +40円	−30円	+10円
		100円	0円	+10円	+10円
	95円	90円	0円	+10円	+10円

このように，連続的にデルタ・ヘッジを行えば期日の相場のレベルにかかわらず，必ず10円のリターンが確定します。裏返せばオプションの価値とはこのような連続的な『リスク中立取引』から期待されるリターンの現在価値と定義しなおすこともできます。相場の変動について中立な立場をとるオプショントレーダーは，日夜連続的なデルタ・ヘッジ取引をすることで自分のポジションを相場の上下変動に対して中立に保ち，影響を受けないようにしているのです。

オプションの価値は現時点の相場とオプション期日での相場の乖離幅によって決まるのではなく，期間中に上下にどれほど激しく頻繁に変動したかという変動性（ボラティリティ）よって決まるのです。

3 非上場株式のオプションの評価

（1） 上場株式オプションとの違い

非上場株式のオプションの評価の方法も，基本的には上場会社と同様の考え方をすることができますが，市場の流動性が乏しいことを鑑みると，全く同様の条件の株式オプションであっても，流動性が乏しい分,非上場株式のオプションのほうが実質的価値は低くなるものと考えられています。いつでも売却でき

る市場が整っている上場株式と，売る際にも売り先を探すところから始めなければならない非上場株式とでは，その価値には差があるものと考えられるのは，オプション価値においても同じものと考えられます。

　つまり，同じパラメータを用いるとしても，

> 完全市場のオプション価値　＞　非完全市場のオプション価値

となります。
さらには，

> 完全市場の　＞　上場株式の　＞　非上場株式の
> オプション価値　　オプション価値　　オプション価値

という関係も成り立つものと考えられます。

　しかしながら，現時点でこの関係を明確に数値化して非完全市場のオプション価値を計算できる理論はなく，実務上は，完全市場のオプション価値を計算できるブラック・ショールズモデルに頼っているのが現状です。

　ちなみに，保守的に完全市場のオプション価値を算出し，それを基に決議しているのであれば，有利発行か否かの観点からすれば，有利発行にはあたらないと判断できます。

（2）　非上場株式オプションにおける付加条件付きのオプション価値

　非上場株式オプションを発行するにあたっても，様々な行使条件を付加することがあります。その中でも株価によるノックアウト条項を設定したものが事例としては一番多くあります。

　簡単にまとめると，ノックアウト条項で設定される行使条件は，

> 株価が一定金額を下回った場合，権利行使ができなくなる

> （新株予約権が消滅する）

という条件になります。

　この条件が付されることにより，新株予約権が消滅する可能性が考慮され，新株予約権の価値は低くなります。このような条件でも，上場会社であれば，日々の取引が市場株価として観測可能であるため，株価が一定水準を下回ったかがすぐに観測可能であり，消滅するか否かはリアルタイムで判断可能ですが，非上場会社の場合は，株価の観測が難しく，リアルタイムで株価が下がったかを観測する運用体制を構築することは難しいものとされています。

　なお，DCF法やマルチプル法等で毎日マーケットデータを取得して計算し続けることも可能でありますが，実務的には，毎日取引の可能性はあり，株価は変動する可能性もあるものの，一定期間経過後に振り返ってみて，一番株価が低かったであろうタイミングでもノックアウト条項に引っかかっていなければ，当該新株予約権の権利は消滅していなかったものとして扱うという運用を実施することで，対応が可能であると考えられています。

　当該行使条件を評価する場合には，前述のように非上場株式の値動きを数値化できる理論がないことから，上場株式オプション価値のように計算した結果を，上記（1）で示した関係を参考に，非上場株式オプション価値とすることとなります。つまり，価値としては高くなるであろう上場株式と同様の計算モデルで株価が動くものとし，それに基づく株価条件を反映させて計算することとなります。

　理論上は流動性がない分，当該計算結果よりも低くなると理解しつつも，現状は上場株式と同様の計算モデルを採用することとなります。

第4章 ストック・オプション

　本章では，日本の会計基準におけるストック・オプションの一般的な評価方法を紹介します。

1　ストック・オプションとは

（1）　性質・導入状況

　会社法上の新株予約権は，一般的に資金調達の手段であり，第三者に対して有償で発行されます。これに対して企業価値向上を目的としたインセンティブかつ報酬として，発行会社の役員・従業員に対して，無償で発行される新株予約権（コール・オプション）がストック・オプションです。ストック・オプションは多くの企業で，株式報酬の一環として利用されています。

　2006年5月1日の会社法施行に伴い，ストック・オプション会計基準（企業会計基準第8号「ストック・オプション等に関する会計基準」）が適用されました。これにより「ストック・オプションとは，自社株式オプションのうち，特に企業がその従業員等に報酬として付与するものをいう。」と定義され，ストック・オプションを発行する場合には，会計上の費用認識が必要とされています。費用計上の金額はストック・オプションの公正価値分となるため，ここでストック・オプションの評価が必要となります。

　発行規模においても，ストック・オプションは，企業が必要な資金を調達す

70

るために発行する大規模な新株予約権（ワラント）と異なり，多くても発行済株式数の数％程度というのが一般的です。

このように，発行目的が企業価値向上を意図したインセンティブとしての報酬であるストック・オプションにおいては，次の2点が重要な前提となります。

（ⅰ）　付与対象者は発行会社および100％子会社の役員従業員であること

　　　自社の役職員以外の者への無償付与となると，その発行の合理性に疑義が生じる可能性があり，また，財務局等への提出すべき書類もハードルが一段上昇することとなるため，注意が必要です。

（ⅱ）　報酬であり，付与対象者に対して無償で発行されること

　　　一般的に権利行使時の税金の優遇措置を享受するために，税制適格ストック・オプション（後述）を発行することが多く，その要件で無償という形で発行されることが必要です。

また発行するストック・オプションの行使条件においても，インセンティブとしての効果をあげるため，以下のような株価条件，業績条件や在籍条件を付加することも考慮されています。

- ●一定の「株価」水準を達成していなければ行使できない。
- ●一定の「利益」水準を達成していなければ行使できない。
- ●継続的に発行会社に勤務していなければ行使できない。

（2）　様々なストック・オプションの発行パターン

①　無償構成と相殺構成

ストック・オプションと引き換えに払い込む金額の取扱いには，無償構成と相殺構成の2種類があると言われています。もともと無償で発行される新株予約権のことをストック・オプションと定義されていますが，その発行方法として，発行会社が付与対象者に金銭の払込みを求めずに無償で発行する方法と，ストック・オプションの価値相当分の報酬債権を付与対象者が持っていると仮

定しその債権と相殺することによりストック・オプションを付与する方法の2種類があります。

　前者は、「無償構成のストック・オプション」、後者は「相殺構成のストック・オプション」と呼ばれています。相殺構成は、株式報酬型ストック・オプション（1円SO）でよくみられる発行方法です。

　なお、金銭の払込みを報酬債権と相殺するという方法は、付与対象者が一応の払込みをしている有償型のようにも捉えられますが、付与対象者自身の実際の金銭の出資はないため、実質的に無償発行と同様とみなされ、ストック・オプション会計基準が適用されます。実際に支払いを伴う有償発行での新株予約権については第5章で解説をします。

② 税制適格と税制非適格

　ストック・オプションの発行にあたり、発行内容、取得者や権利行使における一定の要件（租税特別措置法第29条の2に記載されている条件）を満たすことで、税制面での優遇を受けることが可能となります。これらの要件を満たしたものを、「税制適格ストック・オプション」といい、日本におけるストック・オプションの発行件数では最も多いものです。しかしながら、満たすべき要件が多く、また、運用が複雑なため使い勝手が悪いという面も持ち合わせていると言われています。

　一方、これらの要件を満たさないストック・オプションは、「税制非適格ストック・オプション」と一般的には言われています。税制適格ストック・オプションで求められる2年間の据え置き期間が、税制非適格ストック・オプションでは不要なため、権利行使期間がすぐにスタートするパターンで発行されることが多く見られます。

③ 株式報酬型ストック・オプション

　一般的に退職金の代替として用いられるストック・オプションです。権利行使価格を1株1円に設定し、付与対象者は退職時から一定期間に限り、行使で

きることから，退職後に，退職時点の株価とほぼ等しい額を付与対象者は取得できます。退職時の株価が高いほど得られる金額も多くなるため，役員向けのインセンティブとして用いられています。

　株式会社伊藤園が国税庁に「権利行使期間が退職から10日間に限定されている新株予約権の権利行使益に係る所得区分について」という形で税率について照会をかけ，2004年11月2日に退職所得課税となる旨の回答を得たことから，給与課税と比較し税制面での優遇も期待できるため，以後多くの企業が導入するようになったと言われています。

　なお，退職後一時的に取得することが前提となっていると言われているため，退職後からの権利行使期間が5年間もあるパターンでは，退職所得課税とならないケースもあると言われており，設計には注意が必要となると考えられています。

　また，退職時に行使可能な退職型の株式報酬型ストック・オプションに対し，同じく行使価格が1円で，在籍時にのみ行使可能な在職型のストック・オプションもあります。こちらは主に賞与の代替として用いられています。退職型と同様に，企業価値向上へのインセンティブとして付与されるため，一定期間の在籍条件や，一定の業績を達成した場合に行使可能とする条件などが設定されることが一般的です。

　株式価値を丸ごと手に入れることができるため，「フルバリュー型」とも言われています。

（3）　算定に必要な基礎数値

　ストック・オプション会計基準および適用指針では，ストック・オプション評価において，少なくとも以下の6つの基礎数値（パラメータ）を考慮する必要があるとしています。

---

①　オプションの行使価格

②　オプションの満期までの期間

③　算定時点における株価

④　株価変動性

⑤　満期までの期間における配当額

⑥　無リスクの利子率（割引率）

　上記6つのパラメータは,株式オプションの評価に共通する特性です。ストック・オプションの評価においては, これら共通する特性に加えて, 算定対象である個々のストック・オプションに固有の特性も反映させる必要があると規定されています。

①　オプションの行使価格

　行使価格とは, ストック・オプションを行使する際に発行会社に支払う金銭のことです。一般的には, 募集事項決定決議日または割当日に決定され, 当日の市場株価終値など, 直近の株価とほぼ同額で設定されます。

　ストック・オプションの発行要項に, 行使価格の実額あるいは算出の方法が記載されます。税制適格ストック・オプションの場合には, 割当日の前月の終値平均値と, 割当日当日の終値のどちらか高いほうを行使価格に設定するケースが一般的です。税制適格要件に明確な計算方法は設定されていませんが, 割当日時点の時価をいくらと認識するかについて, 前月終値平均値と割当日当日のどちらか高い方を採用していれば, 少なくとも時価よりは低く設定していると言われることはないだろうという観点から広まった決定方法と考えられています。単純に「割当日時点の株価と同額とする」という決定方法で決議されたケースや, 割当日を迎える前に募集事項決定決議日の前日終値で確定させてしまうケースもあります。募集事項決定決議日の前日終値にて決定する方法については, 国税庁への問い合わせ事例があり, 2019年10月1日現在の法令・通達等に基づくと, 税制適格ストック・オプションとして扱って差し支えないものとされています。

【照会要旨】 税制適格ストックオプションでは，1株当たりの権利行使価額について，付与契約の締結の時における1株当たりの価額（時価）以上であることとされていますが，権利行使価額を「新株予約権発行の取締役会決議日の前日の終値」とした場合でも，税制適格ストックオプションとして取り扱って差し支えないでしょうか。

【回答要旨】

　取締役会決議日以後速やかに付与契約が締結される場合には，税制適格ストックオプションとして取り扱って差し支えありません。

　租税特別措置法第29条の2《特定の取締役等が受ける新株予約権等の行使による株式の取得に係る経済的利益の非課税等》に規定するいわゆる税制適格ストックオプションについては，「新株予約権の行使に係る1株当たりの権利行使価額は，当該新株予約権に係る契約の締結の時における1株当たりの価額に相当する金額以上であること」が要件とされています（租税特別措置法第29条の2第1項第3号）。

　ここにいう付与契約の締結の時における1株当たりの価額（時価）は，付与契約締結日における価額のみをいうのではなく，市場価額との格差を設け，その取締役等に対して経済的利益を供与するためにその決定方法を採用したものでないと認められるときは，契約締結日前一定期間の平均株価等，権利行使価額を決定するための基礎として相当と認められる価額が含まれるものと取り扱って差し支えないと考えられます。

参照先：https://www.nta.go.jp/law/shitsugi/shotoku/02/30.htm

②　オプションの満期までの期間

　満期までの期間とは，ストック・オプションが行使されるであろう日までの期間であり，一般に「予想残存期間」と呼ばれています。一般的な新株予約権では，発行要項に定められた割当日から権利行使期間の終期までが満期までの期間とされます。しかし，ストック・オプション会計基準における評価においては，ストック・オプションの適用指針にて，付与したストック・オプションがいつ時点で全て行使されるのか見積もることとされているため，発行要項に

定められた権利行使期間を参照して，合理的に予想残存期間を算出することとなります。

　しかしながら，複数人に一度に付与されることが多いストック・オプションの行使時期を，合理的に見積もることは困難であるため，一般的には，ストック・オプションの適用指針の第14項に基づき，権利行使期間の中間点で全て行使されるものと推定するという規程を適用することが一般的です。

　つまり，ストック・オプションの評価における満期までの期間とは，以下のように整理できます。

（ⅰ）　付与したストック・オプションがいつ時点で全て行使されるか合理的に見積もれる場合は，割当日からその時点までの期間
（ⅱ）　合理的に見積もることが難しい場合は，割当日から権利行使期間の中間点までの期間

　ストック・オプションの付与対象者は，発行会社の役員および従業員であり，複数の対象者に付与されることが一般的です。対象者全員が同じように行動するわけではないため，いつ時点で何個行使するのかを見積もることは非常に困難です。株価が権利行使価格を少しでも超えたら権利行使をする人もいれば，もっと株価が上昇することを期待して権利行使をしない人もいるためです。

　そのため，多くのストック・オプションの評価においては，分散的に行使されることを推定して，権利行使期間の中間点を予想残存期間の終期と設定し，割当日から中間点までの期間を予想残存期間としています。

　一方で，予想残存期間を合理的に見積もれると考えられるストック・オプションの代表的な例が，株式報酬型ストック・オプションです。一般的なストック・オプションは権利行使期間中いつでも権利行使はできますが，株式報酬型ストック・オプションは退職時にのみ行使可能であるため，退職までの期間を見積もることによって，予想残存期間を合理的に算出できると考えられます。退職までの期間を見積もる方法には，付与対象者の年齢を考慮し，それぞれの定

年退職までの期間から類推する方法や，過去の役員の平均在任期間から類推する方法などがあります。

　過去の採用事例を紹介しますと，過去在籍していた役員の平均在任期間を求め，現任の役員の在任期間も同等程度とみなし，その期間までの年数を算出することで，予想残存期間を求める方法がありました。簡単な例で示すと，

ⅰ）過去10年間において，退職された役員の平均在任期間を算出。

　　➡仮に，A役員：15年，B役員：8年，C役員：10年の場合は，平均値は11年と算出されます。

ⅱ）付与予定の役員が，上記ⅰ）の平均在任期間と比較して，残り何年あるかを算出。

　　➡仮に，現任D役員の割当日時点での在任期間が3年であれば，残りは8年と算出されます。現任E役員の在任期間が7年であれば，残りは4年と算出できます。

ⅲ）付与対象者毎の上記ⅱ）の数値の単純平均値を，予想残存期間として算出。

　　➡仮に，D役員，E役員2名の場合，平均値は6年と算出されます。

　また，別のパターンとして，単純平均ではなく，付与個数による加重平均値を採用したケースもあります。

　下記設例で，中間点を採用した予想残存期間を計算してみます。

（設例）

■割当日：2019年3月31日

■権利行使期間：2021年4月1日から2023年3月31日

■まず，権利行使期間の中間点を決定します。中間点は，権利行使期間である2021年4月1日から2023年3月31日の中間，2022年3月31日と計算できます。

■次に予想残存期間を算出します。割当日（2019年3月31日）から，中間点である2022年3月31日までの期間（日数）を計算し，365で割って年換算します。

■予想残存期間は 3 年となります。

　一般的なオプション・プライシングモデルで使用する予想残存期間は年ベースであることが多く，開示資料においても年ベースで開示されています。

　なお，中間点とはあくまで「権利行使期間」の中間点であり，「割当日から権利行使期間の終期まで」の中間点でないことに注意が必要です。

　税制適格要件を満たす発行条件あるいは在籍条件がある場合，据え置き期間と呼ばれる権利行使できない期間が割当日から設定されているため，中間点とは，行使可能となった権利行使開始日から，権利行使期間の終期までが中間点となります。

③　算定時点における株価

　株価は，適用指針に定められているとおり，割当日の発行会社の株式時価です。時価がいつ時点の株価を指すのか，また安値・高値・VWAP等のいずれを指すかの議論はありますが，ストック・オプション会計基準で定められた，基礎数値として使用される株価は，割当日（付与日）時点の市場終値（調整後終値）を用いることが一般的です。募集事項決定日から割当日まで，発行会社が上場企業の場合，通常 2 週間程度の期間を要します。

　ストック・オプションの評価はあくまで割当日時点の株価を用いるため，決議日からその 2 週間で株価が変動することもあり，決議日時点と比較して，発行総額や評価額が変動する可能性もあり注意が必要です。

④　株価変動性（ボラティリティ）

　ボラティリティとは，日本語で「株価変動率」と呼ばれ，株式の値動きの激しさを表す指標です。ストック・オプションの評価で使用されるボラティリティは，発行会社の過去の株価変動から計算されるヒストリカル・ボラティリティを用いることが一般的です（反対語として，オプションの取引価格から推計されるインプライド・ボラティリティがありますが，ストック・オプションとし

て取引されているオプションがないことが多く，参照できる事例はほぼないため，本書では説明を割愛します）。

　ボラティリティの計算には，発行会社の株価データを，予想残存期間に対応する期間分，割当日から過去に遡って収集し，株価の収益率の標準偏差を求めて年率換算して求めます。

　まとめると，ボラティリティ（週次）の算出方法は以下のとおりです。

（ｉ）　予想残存期間に対応する期間を割当日から遡った日から，割当日までの各週の株価終値を抽出
（ⅱ）　各週の前週比の株価の変化率（収益率）を算出（LN(s1/s2)）
（ⅲ）　上記(ⅱ)の変化率の標準偏差を算出（＝STDEV（　））
（ⅳ）　上記(ⅲ)の週次の標準偏差を年率に換算　ボラティリティ（＝SQRT(365/7)×標準偏差）

　日経平均の2018年1月1日から2018年12月31日までの株価データを用いると**図表4－1**のような表となります。

　なお，対象会社の株価観察可能期間が，上場後2年に満たない対象会社については，十分な株価の観察が困難な場合があります。その場合，対象会社と規模，業種が類似した上場会社のボラティリティを参考に，対象会社のボラティリティを見積もる方法が認められています。類似上場会社のボラティリティを利用する場合，それ自体の算出方法は変わりませんが，類似する企業とはいえ，ボラティリティは各社で大きく異なるケースもあります。ボラティリティの値で，評価結果は大きく左右されるため，できる限り複数の類似上場会社を選択し，各社のボラティリティの平均値を，対象会社のボラティリティとして評価を行うことが一般的です。

図表4－1

日付	終値	収益率	標準偏差	ボラティリティ
2018年12月25日	20,014.77	−0.7537%	2.6608%	19.21%
2018年12月17日	20,166.19	−5.8207%		
2018年12月10日	21,374.83	−1.4115%		
2018年12月 3 日	21,678.68	−3.0544%		
2018年11月26日	22,351.06	3.2028%		
2018年11月19日	21,646.55	−0.1560%		
2018年11月12日	21,680.34	−2.5947%		
2018年11月 5 日	22,250.25	0.0296%		
2018年10月29日	22,243.66	4.8783%		
2018年10月22日	21,184.60	−6.1666%		
2018年10月15日	22,532.08	−0.7190%		
2018年10月 9 日	22,694.66	−4.6872%		
2018年10月 1 日	23,783.72	−1.4042%		
2018年 9 月25日	24,120.04	1.0424%		
2018年 9 月18日	23,869.93	3.3018%		
2018年 9 月10日	23,094.67	3.4699%		
2018年 9 月 3 日	22,307.06	−2.4711%		
2018年 8 月27日	22,865.15	1.1586%		
2018年 8 月20日	22,601.77	1.4771%		
2018年 8 月13日	22,270.38	−0.1243%		
2018年 8 月 6 日	22,298.08	−1.0133%		
2018年 7 月30日	22,525.18	−0.8293%		
2018年 7 月23日	22,712.75	0.0655%		
2018年 7 月17日	22,697.88	0.4439%		
2018年 7 月 9 日	22,597.35	3.6467%		
2018年 7 月 2 日	21,788.14	−2.3423%		
2018年 6 月25日	22,304.51	−0.9474%		
2018年 6 月18日	22,516.83	−1.4765%		
2018年 6 月11日	22,851.75	0.6905%		
2018年 6 月 4 日	22,694.50	2.3322%		
2018年 5 月28日	22,171.35	−1.2525%		
2018年 5 月21日	22,450.79	−2.1136%		
2018年 5 月14日	22,930.36	0.7524%		
2018年 5 月 7 日	22,758.48	1.2633%		
2018年 5 月 1 日	22,472.78	0.0219%		
2018年 4 月23日	22,467.87	1.3696%		
2018年 4 月16日	22,162.24	1.7456%		
2018年 4 月 9 日	21,778.74	0.9746%		
2018年 4 月 2 日	21,567.52	0.5263%		
2018年 3 月26日	21,454.30	3.9767%		
2018年 3 月19日	20,617.86	−5.0071%		
2018年 3 月12日	21,676.51	0.9610%		
2018年 3 月 5 日	21,469.20	1.3485%		
2018年 2 月26日	21,181.64	−3.3022%		
2018年 2 月19日	21,892.78	0.7912%		
2018年 2 月13日	21,720.25	1.5667%		
2018年 2 月 5 日	21,382.62	−8.4781%		
2018年 1 月29日	23,274.53	−1.5237%		
2018年 1 月22日	23,631.88	−0.7428%		
2018年 1 月15日	23,808.06	0.6500%		
2018年 1 月 9 日	23,653.82	−0.2563%		
2018年 1 月 4 日	23,714.53			

　下記のボラティリティによってコール・オプションの価格がどのように推移するのかをまとめたものです。比較しやすいように，他の条件は簡略化しています。

- ■原資産価格（株価）＝100円
- ■権利行使価格＝100円
- ■予想残存期間＝10年
- ■配当率＝0％
- ■無リスクレート＝1％
- ■ボラティリティ＝10％，15％
- ■ストック・オプションの価値＝約11.4円，約17.0円

　ボラティリティが10％の時にはストック・オプションの価値は約11.4円であったのに対して，ボラティリティが1.5倍の15％となった場合には，約17.0円となり，ボラティリティとオプション価値が正比例の関係にあることがわかります。

　ストック・オプションのボラティリティを算出するにあたり，会計基準では，原則過去の実績を基に算出することとされています。つまり，過去の株価の値動きが今後も同様に続くものと見積もる方法になります。株価が市場で取引されているため，日々値動きはありますが，その値動きが正常な範囲内で変動している場合は過去の実績を採用することに特段の問題は生じません。

　しかしながら，金融危機等の影響がある場合，その期間の株価の値動きは必ずしも対象会社の株価の値動きを正確に表していないと言える場合があります。具体的には，予想残存期間が5年間である場合，ボラティリティを観察する期間は原則評価基準日から5年間遡って算出しますが，2年前から1年間にわたって異常値とも言える株価の変動が認められた場合は，その期間を除外し，過去6年間分遡り，トータルの観察期間が5年間となるよう調整します。

　ここで，争点となるのが，異常値とはどのような水準から異常値かという点です。会計基準では，その点の列挙はされていないため，明確な基準は存在し

ません。そのため，発行会社は，監査法人等と協議のうえ，観察期間中の株価が異常な値動きをしているかどうか個別に判断する必要があります。判断項目としては，100年に1度の金融危機や上場廃止基準に抵触するような事由，TOB等が考えられます。

　ストック・オプションの評価においては，その他の会計処理と同様，継続性・連続性が求められます。つまり，一度採用した見積り方法は安易に変更してはならず，継続して採用する必要があります。また，ストック・オプションの価値は，前述のとおり，ボラティリティの値に大きく左右されます。ある年はボラティリティを日次ベースで観察していたものを，ボラティリティを低く見積もるために理由もなく月次ベースに変更するようなことは基本的には認められないと考えられています。

⑤　満期までの期間における配当額

　配当率は，適用指針における記載では，予想残存期間中における予想配当額を，割当日時点の株価で割ることで算出するとされています。予想配当額は，発行会社の決算短信などで公表されている場合は，その額を参考に決定されます。しかし，決算短信等で公表されていないケースもあることに加え，予想配当額はあくまで発行会社の予想値であることから，現実に即した客観的な数字として，発行会社の過去実績を参考にすることが一般的です。

　評価に使用する配当額は，予想残存期間中の各年度の予想配当額であり，予想残存期間における配当額の合計ではありません。一般的には株価に対する割合（％）で示されます。

（設例）
　■割当日の株価＝100円/株
　■予想配当額＝5円/株
とすると，
　■配当率＝予想配当額÷割当日の株価＝5÷100＝5％

となります。

　なお，配当率を決定する際の除外要素として，記念配当があります。上場時の記念や，○周年記念など，業績に基づく配当以外の特別な配当であると考えられることから，過去の配当実績からは除外して考えるのが一般的です。また，数年間の平均配当額を採用するケースもあります。

⑥　無リスクの利子率（割引率）

　無リスクの利子率は，リスクフリーレート，非危険利子率，安全（資産）利回りなどと呼ばれることがありますが，適用指針において，無リスクの利子率（以下，リスクフリーレート）とは，「オプションの期間に対応する期間の国債，政府機関債又は優良社債の利回りを用いる」とされていることから，ストック・オプション評価に用いるリスクフリーレートは，日本国債の利回りを参照すれば良いと考えられます。

　実務においても，予想残存期間に応じた，償還までの期間をもつ国債の利回りを参照することが一般的です。日本証券業協会のホームページ（http://market.jsda.or.jp/html/saiken/kehai/downloadInput.php）では，公社債市場の売買参考統計値として，国債の利回りを公表しています。

　例えば，割当日が2019年3月31日，予想残存期間が3年間であれば，割当日である2019年3月31日から3年後の2022年3月31日を償還日とする国債の利回りを無リスクの利子率として採用します。2022年3月31日を償還日とする国債がない場合は，予想残存期間に一番近い償還日である国債の利回りを参照し，その値を用いるか，仮想のイールドカーブを作成して推計するかを選択することとなります。

2　評価について

（1）　評価が必要な理由

　2006年5月から施行された企業会計基準第8号「ストック・オプション等に関する会計基準」は，役員および従業員に対して無償で付与したストック・オプションについて，公正価値を算定し，その公正価値に基づいて費用計上する会計処理を定めています。ストック・オプション評価に必要な前提条件は，企業会計基準第8号「ストック・オプション等に関する会計基準」および企業会計基準適用指針第11号「ストック・オプション等に関する会計基準の適用指針」に記載されています。

（2）　発行要項の読み方

　新株予約権の発行要項には，会社法236条（新株予約権の内容）および238条（募集事項の決定）に規定された事項および会社法規定で求められている事項以外の追加事項が記載されています。株式オプションに共通するパラメータのうち，オプションの行使価格およびオプションの満期日までの期間（行使期間）は，会社法236条の必須事項であることから，発行要項から抽出することができます。ここでは，一般的な発行要項（新株予約権の募集事項の内容）を以下に列挙し，評価に織り込むべき条件と織り込まない条件を解説します。

ⅰ）新株予約権の割当を受ける者および割り当てる新株予約権の数

```
当社取締役　　○名○個
```

【解説】
　ストック・オプションの発行は，通常，多くても発行済株式数の数％である

ため，一般的にストック・オプションの発行による株式価値の希薄化の影響は評価上考慮することはありません。IFRSでは希薄化を考慮する旨の記載がありますが，具体的な織り込み方までは記載がないため，多様な織り込み方が存在しているものと考えられます。

また，ストック・オプションの評価は，評価単価に付与数から失効の見積数を控除した数を乗じることで算出するため，費用計上額の総額を計算する際にも，当該個数は使用します。

ストック・オプション評価総額　＝

　　ストック・オプション評価単価　×　（付与数　－　失効見積数）

ii）新株予約権の目的となる株式の種類および数

各新株予約権の目的となる株式の種類は，当社普通株式とし，その数（以下「対象株式数」という）は，○株とする。

なお，新株予約権割当日後，当社が当社普通株式につき，株式分割または株式併合を行う場合，次の算式により対象株式数を調整するものとする。ただし，かかる調整は，新株予約権のうち当該時点で行使されていない対象株式数についてのみ行われるものとする。調整の結果1株未満の端数が生じた場合は，これを切り捨てるものとする。

調整後対象株式数　＝　調整前対象株式数　×　分割又は併合の比率

また，新株予約権発行後，当社が時価を下回る価額で新株式の発行または自己株式の処分を行う場合（新株予約権の行使により新株式を発行または自己株式を処分する場合を除く）は，当社が合併，会社分割，株式交換または株式移転（以上を総称して以下「合併等」という）を行う場合，株式無償割当を行う場合，その他対象株式数を調整することが適切な場合は，当社は合理的な範囲内で対象株式数の調整を行うことができるものとする。

【解説】

　株式分割や株式併合の際の発行数の調整は，株式の単位の変更に過ぎないため，評価に影響を与えるものではありません。この調整は，株式分割や株式併合に伴い，行使により取得する株式数を修正することで，付与対象者や株主に有利不利を発生させないことが趣旨となっています。

　ちなみに調整式は，発行済株式数が100倍に増えた場合等に，ストック・オプションの目的株式数も100倍に増やし，ストック・オプション付与対象者に不利が生じないように調整することを意味します。目的株式数が増えなければ，当初の行使による取得株式数潜在株の発行済株式数に対する比率が著しく低下することを考えれば，この調整の趣旨の理解が容易になります。

（設例）

- ■発行済株式数：1,000株
- ■ストック・オプション：100株
- ■ 1株を100株に分割（分割比率100）

(a)　ストック・オプションの目的株式数調整がない場合

$$\frac{\text{行使による株式数}}{\text{発行済株式数}} = \frac{\text{ストック・オプション100株}}{(\text{分割前発行済株式数1,000株} \times \text{分割比率100})}$$

$$= 0.1\%$$

(b)　ストック・オプションの目的株式数調整がある場合

$$\frac{\text{行使による株式数}}{\text{発行済株式数}} = \frac{(\text{ストック・オプション100株} \times \text{分割比率100})}{(\text{分割前発行済株式数1,000株} \times \text{分割比率100})}$$

$$= 10.0\%$$

iii）発行する新株予約権の総数

> ○個（なお，新株予約権1個当りの目的となる株式数は1株とする）
> ただし，上記 ii）に定める株式の数の調整を行った場合は，各新株予約権の目的となる株式の数についても同様の調整を行う。
> なお，上記総数は，割当予定数であり，上記 i）記載の割当予定者が新株予約権割当日において当社従業員たる地位を失っている場合等，割り当てる新株予約権の総数が減少したときは，割り当てる新株予約権の総数をもって発行する新株予約権の総数とし，上記 ii）記載の新株予約権の目的となる株式の数についても同様に減少する。

【解説】

　ストック・オプションの評価においては，ストック・オプション1個当たりの価値である公正な評価単価の算定が必要となります。オプション・プライシングモデルでは，通常普通株式1株当たりに対するストック・オプションの価値を算出するため，ストック・オプション1個に対して，その目的となる普通株式が何株なのかによって，評価単価が異なります。

　最近では，単元株式数が100株に統一されているため，1個100株という設定にして，端株を生じさせないようにする発行会社が増えてきています。

iv）新株予約権と引き換えに払い込む金額

> 　新株予約権につき金銭の払込みを要しないものとする。なお，インセンティブ報酬として付与される新株予約権であり，金銭の払込みを要しないことは有利発行には該当しない。

【解説】

　ストック・オプションとして一般的なケースである税制適格ストック・オプションの要件である「発行価格を無償とする」という条件です。

　発行価格が無償であっても，その公正価値をもって費用計上するため，ストッ

ク・オプション評価の必要がありますが，この条件自体は，評価上考慮するパラメータではありません。

　なお，新株予約権が無償であっても有利発行に該当しないとされるのは，発行する新株予約権の価値と同額相当の役務提供が発行会社に対して付与対象者から提供されることが前提となっています。

　会社法が施行されてから，「ストック・オプションは無償であっても公正発行として取締役会のみで発行できるようになった」と非常に短絡的に考えられていたケースも過去に散見されましたが，新株予約権（ストック・オプション）の価値と同等の役務提供，という観点からも問題がないかを過去の報酬体系や業界の報酬水準などと照らしてきちんと検討する必要はあると考えられています。つまり，過剰なストック・オプションの付与は，労働の対価に見合っていないので有利発行となる可能性が残っていると考えられます。

∨）募集新株予約権の行使に際して出資される財産の価額

　各新株予約権の行使に際して出資される財産の価額は，新株予約権を行使することにより交付を受けることができる株式1株当たりの払込金額（以下，「行使価額」という）に付与株式数を乗じた金額とする。

　行使価額は，新株予約権を割り当てる日（以下，「割当日」という）の属する月の前月の各日（取引が成立しない日を除く）の○証券取引所における当社普通株式の普通取引の終値（以下，「終値」という）の平均値に1.02を乗じた金額（1円未満の端数は切り上げる）または割当日の終値（当日に終値がない場合は，それに先立つ直近の取引日の終値）のいずれか高い金額とする。

　なお，割当日後，当社が当社普通株式につき，株式分割または株式併合を行う場合，次の算式により行使価額を調整し，調整により生ずる1円未満の端数は切り上げる。

$$調整後行使価額 ＝ 調整前行使価額 \times \frac{1}{分割（または併合）の比率}$$

　また，新株予約権発行後，当社が時価を下回る価額で新株式の発行または自己

株式の処分を行う場合（新株予約権の行使により新株式を発行または自己株式を
処分する場合を除く）は，次の算式により行使価額を調整し，調整により生ずる
1円未満の端数は切り上げる。

$$調整後行使価額 = 調整前行使価額 \times \cfrac{既発行株式数 + \cfrac{新規発行株式数 \times 1株当たり払込金額}{新規発行前の1株当たりの時価}}{既発行株式数 + 新規発行株式数}$$

【解説】

　権利行使価格の決定に関する事項であり，ストック・オプションの評価にお
ける採用すべきパラメータの1要素です。権利行使価格の決定方法に制限はあ
りませんが，通常のストック・オプションでは，税制適格要件を満たすため株
式時価以上とすることが一般的です。行使価格の箇所に記載されている数式は，
権利行使価格の調整式と呼ばれており，前述の個数の調整のように，既存の株
主や付与対象者が有利不利にならないように調整するための式となっています。
そのため，評価上は考慮することはないのが一般的です。

vi）新株予約権の割当日

2019年3月31日

【解説】

　ストック・オプション会計基準では，評価における基準日は，割当日です。
この日時点の株価等のパラメータを用いて，評価を行います。一方 IFRS では
「付与契約時点」とされています。一般的には割当契約書は割当日時点で結ぶこ
とが多いですが，割当日と割当契約書の日付が異なる場合は，IFRS では評価基
準日が割当契約書締結時点になるため留意する必要があります。なお，割当日
が土日祝日の場合は，その前営業日を用いて計算することが一般的です。

vii）新株予約権証券の発行

> 新株予約権証券は，発行しない。

【解説】

証券の発行の有無は評価に影響はありません。

viii）新株予約権の行使により株式を発行する場合における増加する資本金および資本準備金に関する事項

> 新株予約権の行使により株式を発行する場合における増加する資本の額は，会社計算規則第40条第1項に従い算出される資本金等増加限度額の2分の1の金額とし，計算の結果1円未満の端数が生じたときは，その端数を切り上げる。残額は資本準備金に組み入れるものとする。

【解説】

資本金への組入額の計算規定であるため，評価に影響はありません。

ix）新株予約権の行使期間

> 2021年4月1日から2023年3月31日までとする。ただし，行使期間の開始日が当社の休業日にあたるときはその翌営業日を開始日とし，行使期間の最終日が当社の休業日にあたるときは，その翌営業日を最終日とする。

【解説】

パラメータの1要素であり，オプションの時間的価値を反映するため評価に影響があります。また，評価基準日時点における他のパラメータ（株価変動性の算定に使用する株価情報収集期間）を収集する際の基準にもなります。

ⅹ）新株予約権の行使の条件

①　新株予約権者は，権利行使時に当社の取締役，監査役の地位にあることを要す。ただし，当社の取締役，監査役を任期満了により退任した場合，または取締役会が正当な理由があると認めた場合は，この限りではない。
②　新株予約権者が死亡した場合，相続人がこれを行使できるものとする。ただし，③に規定する「新株予約権割当契約書」に定める条件による。
③　その他の条件は，本取締役会の決議に基づき，当社と新株予約権者との間で締結する「新株予約権割当契約書」に定めるところによる。

【解説】

　オプションの評価理論上は，権利行使の条件は，基本的に評価に織り込むパラメータと考えられます。しかしながら，ストック・オプション会計基準では，権利行使の条件は，失効の見積りに影響する事項であることから，公正な評価単価の算定に反映させず，失効見積数として反映させます。また，段階的行使条件（行使期間中の各期間ごとに行使上限数が設定されたもの）が付されている場合には，行使期間が異なるごとに別個のオプションとして取り扱うか，発行したオプションをまとめて取り扱うかの違いがあります。

ⅹⅰ）新株予約権の取得事由および取得条件

　当社が消滅会社となる合併契約書が承認された時，当社が完全子会社となる株式交換契約書承認の議案ならびに株式移転の議案につき株主総会で承認された時は，新株予約権は無償で取得することができる。
　そのほか，新株予約権者が権利行使をする前に「新株予約権割当契約書」に定めるところにより，新株予約権を行使できなくなった場合，当該新株予約権は無償で取得することができる。

【解説】

　合併や消滅等の条件は，発生時期を合理的に見積もることができないため，

評価に織り込まないことが一般的です。

xii）新株予約権の譲渡制限

> 新株予約権の譲渡には取締役会の承認を要す。なお，租税特別措置法による優遇税制の適用を受ける場合は，譲渡することができない。

【解説】

譲渡制限の設定が税制適格ストック・オプションの特徴ですが，評価に直接の影響はありません。

＜まとめ＞

以上の発行要項から抽出した評価に必要な事項を以下に列挙します。

> ⓐ 新株予約権1個当たりの目的株式数（評価単価に影響）
> ⓑ 新株予約権の行使に際して出資される財産の価額（ストック・オプションの権利行使価格の決定方法が記載）
> ⓒ 新株予約権の割当日（評価基準日であり，株価等のマーケットデータを収集する基準日）
> ⓓ 新株予約権の行使期間（ストック・オプションの権利を行使することができる期間であり，予想残存期間に影響）

発行要項からは以上の事項を抽出することができますが，この情報だけではストック・オプションの価値を算出することはできません。上記の情報を基に，評価基準日当日のマーケットデータ等を収集し，必要なパラメータを算出することが必要となります。

（3） 一般的なストック・オプションの評価事例

ストック・オプションを評価するうえで必要な手順は，大きく以下の3つに分けられます。

ⅰ）発行要項の確認

ストック・オプションの発行条件を確認するため，発行要項の内容を把握します。

ⅱ）基礎数値（パラメータ）の算出

基礎数値と呼ばれる6つのパラメータ以外にも，ストック・オプション価値に影響を与える条件の有無を検討し，必要なパラメータを追加的に抽出します。

ストック・オプションを発行するには，会社法で規定する条件や会社法の規定にない追加的な発行条件を発行要項に記載することとなります。ストック・オプションを評価するためには，この発行要項の内容を確認することが第一のステップとなります。

さらに，権利行使時の課税を免れる税制適格要件を満たすため，会社法上の募集新株予約権の発行を決議した際の新株予約権の内容を記載した発行要項とは別に，割当契約書を発行会社と付与対象者とで交わすケースがあります。この割当契約書には，発行要項には記載されていない事項があり，かつ，その事項がストック・オプション価値に影響を与える場合には，評価上考慮することとなります。このようなことから，発行要項に加えて，割当契約書の内容も確認する必要があります。

つまり，発行要項（および割当契約書）から読み取ることができる発行条件を基に，ストック・オプションの会計基準にも記載されている，評価に必要な数値（株価，権利行使価格，権利行使期間，ボラティリティ，配当率，リスクフリーレート）6つと，この6つの基礎数値以外に，ストック・オプション価値に影響を与える発行条件がある場合には，この発行条件をパラメータとして選定します。

ⅲ）評価モデルの選択

上記ⅱ）のパラメータの選定の結果，適切な評価モデルを選択します。

同じ条件・パラメータであれば，どの評価モデルを採用しても評価結果は同

様となりますが，ブラック・ショールズ式では，限定された6つのパラメータ以外を織り込むことができないため，発行要項から得られる情報をすべて反映するために他のモデルを選ぶ場合もあります。

　ストック・オプション会計基準では，ストック・オプションの公正な評価単価の算定に用いる算定技法は，確立された理論を基礎としており，実務で広く適用されていることとされています。また，その算定技法には，ストック・オプションの主な特性をすべて反映していることも求められています。会計基準には，算定技法の例として，二項モデルとブラック・ショールズ式が記載されています。

　なお，上記の条件に当てはまる算定技法として，モンテカルロ・シミュレーションも採用することが可能です。それぞれのモデルの特徴は前述したとおりですが，発行条件の複雑さにより使い分けがされています。単純な条件であれば，3つのうちどのモデルを採用しても同じ結果が得られます。そのため，単純な条件であれば，公式に当てはめれば算出可能なブラック・ショールズ式を用いるのが一般的です。

　一方，ブラック・ショールズ式には代入することのできない発行条件がある場合は，二項モデルかモンテカルロ・シミュレーションが採用されています。ただし，二項モデルについては，その算定過程を確認する作業に非常に負荷がかかるため，一般的にはモンテカルロ・シミュレーションを採用するケースが多く見受けられます。

　ここで，行使条件の中でも業績条件を評価に織り込めるかが論点となるケースがあります。ストック・オプション会計基準では，権利行使条件は評価単価に織り込むことはできません。その代わり，ストック・オプションの失効確率に織り込むことは可能です。一方で，有償で発行する新株予約権の「発行価格」の決定の際には，当該業績条件も織り込んで評価することが可能です。ただし，割当日におけるストック・オプション会計基準に基づく費用計上のための評価の際には，「公正な評価単価」には織り込むことができなくなりました（本書第

5章および，2018年4月の実務対応報告参照）。

　業績条件に関しては，その条件により，付与対象者の将来のオプションの期待値を変動させる要因があります。例えば，発行会社の営業利益が前年度を上回らなければ行使できない等の条件が付されている場合，その条件が付されていないストック・オプションと比較すると，明らかに付与対象者にとってはハードルとなっており，ストック・オプションを保有することの期待値は低くなっています。そのような場合でも，業績条件はストック・オプションの評価単価には織り込めず，評価単価はどちらも同じ値となります。そこで，このような状況を適正に評価するため，ストック・オプションが行使できない（失効する）可能性に関しては，合理的に評価できる場合は失効の確率で見積もることが会計基準では規定されています。

第 5 章

有償時価発行新株予約権
（有償ストック・オプション）

1 ■ 有償時価発行新株予約権とは

（1） 性質・導入状況

① 定 義

　有償時価発行新株予約権は，金銭による払込みをもって発行される新株予約権であり，無償で発行する新株予約権のように従業員等からの労働サービス提供の対価として発行するものではないため，ストック・オプションのように費用計上は必要がないと整理されていました。

　しかしながら，有償時価発行新株予約権も従業員等からの労働サービス提供の対価として発行するものではないかという議案がASBJ（企業会計基準委員会）に提案されたことにより，ASBJは，有償時価発行新株予約権の会計処理について検討を行い，結果として2018年4月1日から，有償時価発行新株予約権を発行する上場会社においては，費用計上が強制されることになりました（非上場会社においては，本源的価値で評価することが認められるため，本源的価値がなければ，依然として費用計上を行わない会計処理となっています）。

② 従来のストック・オプションとの違い

業績条件に関しては，その条件により，付与対象者の将来のオプションの期待値を変動させる要因があります。例えば，発行会社の営業利益が前年度を上回らなければ行使できない等の条件が付されている場合，その条件が付されていないストック・オプションと比較すると，明らかに付与対象者にとっては行使を制限されるハードルとなっており，ストック・オプションの期待値は低くなります。そのため，プレーンなストック・オプションよりも価値が低くなることから，発行時点の払込金額も小さくすることができます。

また，無償ストック・オプションが報酬として整理され取締役向けに発行する場合には，株主総会での報酬枠に係る決議が必要となるのに対し，有償時価発行新株予約権では付与対象者がその価値分を金銭で払い込んで投資として引き受けるため，公正価値で発行する限り，取締役に対しても取締役会決議のみで発行することができるものと法律上は整理されており，発行時期を考慮しながら機動的なインセンティブ・プランを検討できるというメリットがあります。

③ 権利行使時の課税関係

有償時価発行新株予約権は，税制適格要件を満たしていなくとも，権利行使した際に，給与所得課税とはなりません。

「有償時価発行新株予約権であれば，権利行使時に給与所得課税とはならない」と記載されている条文はありませんが，所得税法施行令84条4項の裏読みで，給与所得課税の適用から外れていることがわかります。すなわち，所得税法施行令84条4項には，新株予約権を無償または公正価値より低い価額で発行した場合には，株式の時価と権利行使価格の差額が権利行使時の所得となると記載されています。そのため，裏を返せば，公正価値で発行された新株予約権には適用されないものと読み取ることができます。

有償時価発行新株予約権は通常，オプション評価モデルを用いて計算された公正価値で発行されるため，上記の所得税法施行令84条4項の規定には該当せ

ず，権利行使時には所得に該当しないものと整理できます。その結果，権利行使時には課税関係が生じず，譲渡時において譲渡所得課税となると考えられます。

　この税務の取扱いについて，過去に筆者が所轄税務署に対して，有償時価発行新株予約権を発行した場合に権利行使時に非課税であるかを問い合わせたところ，当然に非課税となる事例であるため，問い合わせの取下げを求められた経緯があります。

　なお，『国税速報（第6431号）』（デロイト　トーマツ税理士法人M&A組織再編サービス西村美智子・森将也　2016年10月10日）においては，給与等課税事由が生じないため，権利行使時に課税は認識されないとされています。また，『インセンティブ報酬の法務・税務・会計』（松尾拓也・西村美智子・中島礼子・土屋光邦編著　中央経済社，2017年）505頁においても，同様の見解となっています。

④　メリット・デメリット

　有償時価発行新株予約権は，前述のとおり公正価値をもって発行する限り，取締役に対しても取締役会決議のみで発行することができます。したがって無償ストック・オプションを取締役向けに発行する場合に必要な株主総会での報酬枠に係る決議が不要であり，発行時期を考慮しながら機動的なインセンティブ・プランを検討できるというメリットがあります。上場会社にとってこれは大きなメリットで，役員報酬枠の決議は定時株主総会以外で付議されることは非常に稀です。

　すなわち，上場会社では新規事業やM&Aなど，新たなインセンティブ設計の動機があっても，通常は年1回しか株式報酬を設計する機会がありませんが，有償時価発行新株予約権を用いれば時期にかかわらずインセンティブ・プランの設計・実施が可能となると考えられます。

　なお，非上場会社では，新株予約権の発行自体には株主総会が必要となります。もっとも，無償ストック・オプションを発行する際に考慮項目の1つとし

て挙げられ，制度設計上のボトルネックとなる税制適格要件の制約を受けることなく，税制適格ストック・オプションとおおむね同一の税務メリットを享受できることになります（権利行使時非課税）。

　また，有償時価発行新株予約権には，企業が目標とする業績を達成した場合に初めて権利行使が可能となる条件が付されていることがほとんどであり，権利行使されて希薄化した場合にも，基本的に業績の向上が伴っています。そのため，他の株主にとっても株価上昇の期待値が高まることとなり，業績の向上を伴わずに偶然株価が上昇して行使される際に懸念される単なる希薄化を招くことはなく，他の株主に配慮したスキームであると言えます。

　一方で，有償時価発行新株予約権の発行は，その名のとおり，新株予約権を有償で発行するものであり，付与時において，付与対象者には付与時に資金負担が生じることに留意する必要があります。さらに，有償時価発行新株予約権の行使条件が未達（株価が権利行使価格より上昇しない場合や，業績条件を設定していたが条件に届かなかった場合等）の場合には，付与対象者は権利行使ができなくなるというデメリットがあります。

（2）　導入状況

　直近の上場会社の有償時価発行新株予約権の導入時の申込率を表にまとめると図表5−1のような割合となります。無償発行のストック・オプションと違い，発行時点で払込みが必要なため，申込率は100％ではない点が，投資としての側面を反映していると考えられます。

図表 5 ― 1　上場会社の有償時価発行新株予約権導入時の申込率

発行企業名	募集時の人数	確定割当人数	申込率
ソフトバンク株式会社	300名	233名	78%
GCA サヴィアングループ株式会社	177名	135名	76%
株式会社エスクリ	2名	2名	100%
クックパッド株式会社	19名	19名	100%
株式会社パイプドビッツ	177名	85名	48%
株式会社ヴィレッジヴァンガードコーポレーション	69名	69名	100%
株式会社日本 M&A センター	106名	106名	100%
サイオステクノロジー株式会社	40名	35名	88%
株式会社ネクシィーズ	436名	431名	99%
株式会社エスプール	14名	14名	100%

2 評価と会計処理

(1) 評価について

① 評価に関する一般論

　有償時価発行新株予約権の評価においては，評価に織り込める条件はすべて反映することが可能です。有償時価発行新株予約権の発行時点の評価はストック・オプション評価と異なり，会計基準や適用指針がないため，評価に織り込める条件の幅が異なります。しかしながら同じオプションの評価の指針であるため，ストック・オプション会計基準における評価方法は十分参考になる指針であり，採用数値の見積り方法には重なる部分があります。

　有償時価発行新株予約権とストック・オプションの評価の違いは，有償時価

発行新株予約権の評価には，評価に織り込める基礎数値に制限がないことにあります。ストック・オプションの評価には，会計基準に定められた一定の制限のもと，一貫した評価を行う必要がありますが，有償時価発行新株予約権の評価においては，会計基準に記された指針はなく，制限もないことから，評価に織り込めるものは積極的に取り入れることが可能です。

② 権利行使条件の種類

以下では各条件（業績条件，強制行使条件，株価条件，勤務条件）について解説します。

ⅰ）業績条件

業績条件とは，将来の事業年度において観察対象となる段階損益の金額が，設定した金額を上回った場合に，対象新株予約権の権利行使が可能となるような条項をいいます。

具体例としては，以下のようになります。

> （例）　2020年 3 月期から2022年 3 月期までにおいて，いずれかの期の営業利益が
> 【XX 百万円】を超過した場合のみ，対象新株予約権の権利行使が可能となります。

一般的には，売上高，営業利益，経常利益，当期純利益，さらには，EBITDA 等の定量的な指標が採用されます。指標については自由に設定できますが，通常は，中期経営計画と連動させるなど，発行会社が公表可能な指標を設定することにより，株主へのコミットを示すケースがあります。また，評価においては設定された指標のヒストリカルな数値を用いて，行使条件の達成確率をモンテカルロ・シミュレーション等で見積もり，新株予約権の評価に反映することになりますので，計算可能な定量的な指標が業績条件になるのが一般的です。

また，業績条件については，一般には定量的な指標であると考えられること

から，決算情報等を通じて外部から検証可能ですが，極端な例として，企業価値の向上に貢献しない赤字の会社を安く買収して行使条件達成のためだけに売上高を意図的に高くする，あるいは，税引前当期利益を達成するために，特別利益の計上につながる行為のタイミングを意図的に操作することも理論上はありえます。それを防止するためにも，業績条件の成就・未成就に際しては，設定した指標を監査法人や税理士などの第三者に検証してもらうなど，指標とした業績条件が適切に機能するようにするための工夫が必要になると考えられています。

ⅱ）強制行使条件

　強制行使条件とは，あらかじめ設定されたトリガー価格（発行時点の株価よりも低い値に設定）を株価が下回った場合に，付与対象者が，満期までに必ず設定された権利行使価格で，新株予約権を行使しなければならないように設定した条項をいいます。具体例としては，以下のようになります。

> （例）　新株予約権の発行後，割当日から満期日までの期間において，株価が当初株価の50％を下回った場合，満期までに新株予約権を権利行使価格にて行使しなければならない。

　この条件は，一般的な新株予約権とは異なり，付与対象者に権利行使の義務を課すことが条件となり，その影響で価値の削減が期待できます。一方で，株価が下落している中，市場株価よりも高い価格で権利行使をしなければならないため，その時点では付与対象者にはマイナスの影響が発生します。通常のコール・オプションであれば，行使しなければ支払ったオプション料以上の損失は発生しませんが，この強制行使条件では，それ以上の損失（マイナスの影響）が発生する可能性があることに留意が必要です。

　なお，会社法上は新株予約権の権利行使を強制させることは難しいため，法的実行可能性を弁護士とも協議して導入を検討する必要があります。

iii）株価条件

業績条件の他に，一定の株価条件を新株予約権に付すことも可能です。この株価条件の中には，株価が一定の水準を超えたら行使できるという株価ノックイン条件と，それとは反対に，株価が一定の水準を下回ったら行使できなくなるという株価ノックアウト条件があります。以下，各条件について解説します。

■株価ノックアウト条件

株価ノックアウト条件とは，発行会社の株価が発行した新株予約権の権利行使価格を下回るような取引（権利行使価格を下回るような新株発行や株式の譲渡）が行われた場合に，残存するすべての新株予約権を行使できなくなる条項をいいます。具体例としては，以下のようになります。

（例）　新株予約権の割当てを受けた者は，本新株予約権の割当日から満期日までにおいて，株価が権利行使価格の50％を下回った場合，残存するすべての本新株予約権を行使できないものとする。

株価ノックアウト条件は，発行会社の将来の株価をシミュレートしたうえで，一定の期間・頻度で観察し，ノックアウトのリスクに晒すことによって，理論上のオプション価値を圧縮できるというメリットがありますが，一度でもノックアウト水準に触れると，新株予約権自体が消滅してしまうという点がデメリットになります。

株価ノックアウト条件は，新株予約権の付与者の能力や努力の有無にかかわらず，経済動向やマーケット動向，各投資家の動向，さらには，マーケットで発生するイベントにより，発行会社の株価が影響を受ける側面もありますので，上場会社よりも，非上場会社において，採用されることが多いです。

■株価ノックイン条件

株価ノックイン条件とは，発行会社の株価が一定の水準を超えたら行使できる条項をいいます。別の言い方をすると，発行会社が一定の時価総額を超えたら，新株予約権を行使することができる時価総額条件ともいえます。具体例と

しては，以下のようになります。

> （例）　新株予約権者は，割当日から 3 年までの間において，当社普通株式の株価
> が，行使価額に200％を乗じた額を一度でも上回った場合に限り，本新株予約
> 権を行使することができる。

　株価ノックイン条件は，発行会社が現在アーリーステージにあり，これから
株価・時価総額を大きく成長させたい場合において，新株予約権の付与対象者
に対して早期の株価上昇意欲を促進することができます。他方で，一般には割
当日から○年までの期間を短くし，かつ，行使価額に乗じる○％も高くすると
いう厳しい条件を付加しなければ，理論上のオプション価値はほぼ下がらない
点がデメリットになります。

［コラム3］　オプション評価ロジックの誤謬 （独断性，独善性排除の原則）

　オプションの評価を生業にしていると，様々な場面でその評価ロジックについて
関係者と議論になることがあります。前述のノックアウト条項のついたオプション
の例では，監査法人と以下のようなやりとりがありました。
＜前提となるオプションの概要＞

対象株式	A 株式
現時点の株価	100円/株
行使価格	100円
ノックアウト条件	期間中95円が取引された場合，オプションは消滅
期間	2ヵ月

　すでに確立しているオプション評価モデル（ブラック・ショールズモデル）を利
用して評価を行い，約 5 円/株となったため，その評価で報告書を提出したのです
が，1 年経ってから対象会社の監査法人から以下の意見をいただきました。

　　監査法人：「対象株式は非上場株式であり，毎日株価が取引されるとは限らない。
　　　　したがって連続的に株価が取引されることを前提とした評価は適正ではない」
　　当社：「貴社において，算定上の評価モデルは何を使っているのか」
　　監査法人：「ブラック・ショールズモデルを前提としている」

当社：「ではどのような前提で評価されているのか」

監査法人：「半期に１回程度株価は判断されることを前提に，ノックアウトの判定は毎日ではなく半期に１度とするのが適切。その前提で評価モデルを回すと30円/株となる」

当社：「当社の評価と大きく乖離するが，価値が上がった原因をどう想定しているか」

監査法人：「ノックアウトの観察は半期に１度なので，それまでにもし株価が95円を下回ったとしてもオプションは消滅しない。例え観察時点と次の観察時点の間に，株価が90円になったとしても次の観察時点において95円を超過していればオプションは消滅していないこととなる。その分毎日ノックアウトを観察することを前提としている評価よりも高くなる」

一見筋の通った意見のようですが，この主張には大きな誤謬がいくつかあります。

１ チェリー・ピック（良いとこ取り）のロジック

「観察時点と観察時点の間に株価が95円を下回ったとしても取引は確認できないため，次の観察時点において株価が95円を超えていたのならばオプションは消滅しないから，価値は高くなる」

もしこの主張が正しければ，以下も真実となります。

「観察時点と観察時点の間に株価が100円から上昇し110円となったが，次の観察時点までに95円まで下落していたとする。この場合，観察時点と観察時点の間に取引がないという前提の場合，110円の時点で適切なデルタ・ヘッジ（リスク中立取引）（注 コラム2 を参照）をすることは不可能となり，その後95円まで下落したとしても，デルタ・ヘッジによる収益機会を逃すことになる。結果としてオプションの価値（期待値）は低くなってしまう」

逆も真なりで，自らの主張が矛盾を内包していることになります。

２ ブラック・ショールズモデルの前提を無視

現時点でオプションの評価の確立したモデルはブラック・ショールズモデル以外には残念ながら存在しません。そして同モデルには以下の大前提が存在します。

「ブラック・ショールズモデルとは，１種類の配当のない株と１種類の債権の２つが存在する証券市場のモデルである。さらに連続的な取引が可能で，市場は完全市場であることを仮定している」

要約すればブラック・ショールズモデルを使う際には，「対象となる株式は１種類であり，かつ同株式の株価は連続的に動き，いつでもヘッジコストなしで取引できることが前提となる」ということです。

100円でスタートした株価は次の瞬間には100円を中心に，一定の幅でランダムに動くこととなり，決して相手側の主張のように半年後にいきなり次の株価が出現することはないのです。

　また，今回の相手側の主張は株価が判断されるのは半年に1回ですが，毎日連続的に株価は変動していると言っています。となると，1つのオプションについて，半年に1度非連続的に動く株式と毎日連続的に動く株式が同時に2つ存在することになります。これは上記の「対象となる株式は1種類」という前提を大きく逸脱することになります。

　前述のとおりオプションの価値とは，連続的なデルタ・ヘッジから生み出されるリターンの現在価値であるとするならば，そこで定義される株価はデルタ・ヘッジが可能な株価，要するに市場で取引可能な株価となるのです。極端に言えば取引できないことが分かっている株のオプションの価値はゼロということです。

　未上場株式の場合は完全市場とは言えませんが，取引が全くできないという前提は極端すぎます。

　売り手と買い手が合意して売買できる可能性があり，それがいつ発生するか読めないことを前提に，ブラック・ショールズモデルを用いて調整を行うか，全く新しい評価ロジックを創造するかのどちらかしかないというのが，オプション評価実務の現状です。

　ただし，上記のようにブラック・ショールズモデルの大前提を逸脱する調整は本末転倒であり，行ってはなりません。

3　全く異なる種類のオプションの評価となっている

　また，半年に1回だけノックアウトを観察することを前提に評価することは，本件とは全く別の金融商品を評価することになります。すでに様々な商品が開発されている通貨オプション市場などでは，一定期日（期間）だけノックアウトの観察をするオプションは「ウィンドウ（窓あき）・ノックアウトオプション」と呼ばれています。

　オプションの全期間をノックアウトの観察期間とするオプションと一定期間（期日）のみノックアウトにするオプションでは，当然ノックアウトの確率も異なってくるので価値も違います。

　しかし，これらの比較はリンゴとマンゴーの価値の比較のようなもので，評価ロジックの適正性の議論からは逸脱してしまうのです。

4　裁定取引ができてしまう

　議論が平行線になった場合，最も分かり易い説明として裁定取引を用いたものがあります。

　これは所謂，横綱相撲のように相手の主張を受け止めるものです。

　もし相手の主張のようにこのオプションの価値が30円/株だったとしましょう。

　そして，両社の合意通り，ブラック・ショールズモデルを前提にしましょう。

　この前提で，本コールオプションを（価値は30円だと主張する相手に）30円/株で1単位売却した場合を想定します（30円だと主張する相手は30円で買ってくれるはずです）。

　そして，現物株式 A を 1 株，市場取引または相対取引で 1 株100円で購入し，同時に，95円を下回る価格で取引がなされた場合，95円で損失確定をする売却注文を締結しておきます。

　未上場企業の株式はブラック・ショールズモデルの前提となる完全市場での取引とはいえませんが，さすがに相対の取引や注文ができなければ，このモデルを適用することはできません（実際に売買の相手がいれば可能です）。

　こうすれば，すでにデルタ・ヘッジ取引は完成です。どんな状況でもリスクフリーの超過リターンが出る所謂裁定取引が完成するのです。

　オプションを売却した場合のペイオフを見てみましょう。

　オプションを売却して得たオプション料は30円，コールオプションを売却したのですから，株価が上昇した場合，オプションのペイオフはマイナス（損失）になります。加えて，現時点で株式を 1 株購入し，95円で損失確定となるデルタ・ヘッジのペイオフを考慮します。

現時点	1ヵ月後	2ヵ月後	オプション料	オプションのペイオフ	デルタ・ヘッジのペイオフ	合計
100円	105円	110円	30円	100-110 =-10円	+10円	+30円
		100円	30円	0円	0円	+30円
	95円	90円	30円	0円	-5円	+25円

　完全にリスク中立にはなりませんが，必ず25円か30円リターンが出る裁定取引が実現しました。

　金融界の鉄則では，裁定取引（リスクフリーで必ずリターンが出る取引）は存在しません。

　ということは，相手の主張した30円という評価が間違っていたという結論となります。

　評価は百人百様です，基本的な前提で合意していたとしても（本件ではブラック・ショールズモデル）様々な見解が出てきます。しかし評価手法をめぐる議論では大前提があり，それが守られなければ収拾がつきませんし，より建設的な議論を進める上で，共有される大前提が必要になります。

　その大前提とは，

1　自分のロジックを押し付けるのではなく，相手のロジックが誤っていること論理的に証明すること

2　合意した前提にはできる限り準じること

　評価の現場においては，「自分の主張以外受け付けない」というドグマ（独断性）と「自分の考えが一番優れている」という独善性が出てきやすいものです。

　特に専門家と呼ばれる人たちにはこの傾向が強いのですが，生産性や健全性のある議論のためには「独断性，独善性排除の原則」が必要となります。

iv）勤務条件

　勤務条件とは，新株予約権者が会社に在籍している状況でなければ，保有している有償時価発行新株予約権を権利行使できなくなる条項をいいます。具体例としては，以下のようになります。

（例）　新株予約権者は，新株予約権行使時点で，継続して当社または当社の子会
　　　　社・関連会社の取締役，監査役または従業員であることを要する。ただし，
　　　　任期満了による退任，定年退職，その他正当な理由があると取締役会が認め
　　　　た場合は，この限りではない。

　一般的には，上記のように新株予約権には勤務条件が付されます。上記の例では，取締役，監査役，従業員となっていますが，付与する対象者に合わせて業務委託先や顧問等を含めることも可能です。また，ただし書きにありますように，一定の事由に基づいて勤務条件の制限を解除し，新株予約権を付与された者のそれまでの発行会社に対する貢献に報いるというような設計も可能です。

　このように，在籍条件は各社の状況・実態に合わせるような形で比較的自由に設計することができます。

　他方で，業績条件や株価条件と異なり，定量的に計算して評価に織り込むことができないため，勤務条件はオプション価値の圧縮効果はなく，もっぱらリテンション効果としての役目を果たすことになります。

③　ストック・オプション会計基準に従わないパラメータの採り方　（満期までの期間）

　ストック・オプション会計基準では，オプションの期間を「予想残存期間」という形で見積もり，その多くは権利行使期間の中間点を採用することが認められていました。

　一方，有償時価発行新株予約権の評価においては，あくまで新株予約権自体の公正価値を算出することから，時間的価値は正しく考慮する必要があり，そのため満期までの期間はその名のとおり，割当日から権利行使期間の満期日までの期間を見積もることが一般的です。

　権利行使期間の中間点を採用すると，時間的価値を小さく計算していることとなり，新株予約権の価値が低くなり，ひいては有利発行の可能性が考えられるため，採用しないことが一般的です。

（2）　会計処理について

①　従来の会計処理

　従来の無償ストック・オプションは，企業が従業員等に「労働の対価として」新株予約権を付与する取引であり，すなわち「報酬」にあたることから，会計上では費用として扱われてきました。

　一方，有償時価発行新株予約権は，付与対象者となる企業の従業員等が自ら対価となる金銭を払い込んで新株予約権を取得すること，および有償時価発行新株予約権はほとんどのケースで業績条件などの権利行使条件が付されており，権利行使ができなくなる可能性が存在することから，その性質は労働の対価ではなく「投資」であり，企業と付与対象者との間での金融商品の売買取引として扱われ，費用計上は不要とされてきました。

②　実務対応報告第36号

　一方で，日本の会計基準等を制定している企業会計基準委員会（ASBJ）関係者の間では，有償時価発行新株予約権についても会計処理を明確に定める必要があるのではないか，という議論がなされてきました。その結果，2014年11月の基準諮問会議にて ASBJ での検討テーマとして取り上げられることとなり，ASBJ の実務対応専門委員会で有償時価発行新株予約権の会計処理に関する議論が開始されました。そして，約 3 年半の議論の末，2017年 5 月10日に実務対応報告の公開草案が公表され，一般のコメントが募集されることになりました。

　この公開草案は，これまで「投資」であるとされていた有償時価発行新株予約権についても「報酬」の範囲に含まれるものと考え，会計上の費用を計上するという内容であったため，ベンチャー企業や公認会計士を中心に多数の反対意見が寄せられました。寄せられたコメントは件数にして253件，うち有償時価発行新株予約権を報酬として扱うことに対する賛成意見が 6 件，反対意見が203件であったとされています[1]。

　その後，ASBJ では，寄せられたコメントについて約 4 ヵ月の審議を行い，2018年 1 月12日に実務対応報告第36号「従業員等に対して権利確定条件付き有償新株予約権を付与する取引に関する取扱い」（以下，「実務対応報告」といいます）が公表されました。

　これにより，本実務対応報告の適用日である2018年 4 月 1 日以降に付与される有償時価発行新株予約権についても，企業会計基準第 8 号「ストック・オプション等に関する会計基準」（以下「ストック・オプション会計基準」という）に定められている「ストック・オプション」に該当するものとされ，「ストック・オプション」と同様の会計処理を行うこととなりました。

　具体的な会計処理方法として，期末時点におけるストック・オプションの公正な評価単価に付与数を乗じた金額をもって，株式報酬費用を認識することを

1　週刊 T&A master　No. 707　2017.9.18

求めています。

　ストック・オプション会計基準においては，費用計上額の算定の計算要素として「公正な評価単価」が用いられています。公正な評価単価という概念は，ストック・オプション会計基準における固有の考え方であり，基本的にはストック・オプションの理論価格を示していますが，その計算においては権利確定条件による影響を除外したものとされています。

　有償時価発行新株予約権の発行事例の多くは，その権利行使条件として発行会社の業績目標や株価目標を設定しており，本実務対応報告における取扱いが適用された場合には当該業績・株価目標は権利確定条件とみなされ，評価単価の計算において考慮外とされます。

　これにより，有償時価発行新株予約権の発行価額（株価・業績目標を考慮した価額）と公正な評価単価（同条件を考慮しない価額）の間に差額が生じ，これが会計上の費用として計上されることとなります。

　この費用の認識時点は，ストック・オプション会計基準と同様の取扱いとなっていますが，特徴的な要素としては，有償時価発行新株予約権に業績目標が設定されている場合があります。

　ストック・オプション会計基準における費用計上額は，権利確定日までの各決算期末時点において，当該時点までに発生していると見込まれる額を貸借対照表における新株予約権（純資産項目）の帳簿価額として計上し，直前の帳簿価額との差額を損益計算書上に株式報酬費用（販管費項目）として認識します。ここで，業績条件が設定されている場合，当該業績条件の達成前時点においては，各決算期末時点における新株予約権の帳簿価額（公正な評価額＝公正な評価単価×付与数×業績条件未達成による失効見積り）が業績条件の難易度に相当する分低く見積もられます。

　逆に，業績条件の達成の蓋然性が高まった場合には，当該業績条件が達成されたものとして評価されることから，公正な評価額が高く見積もられ，特に業績目標の達成可否に関する見積りが変更された決算期においては，費用計上される金額も大きくなります。

③　未公開企業における特例

　ASBJは，2018年1月12日，実務対応報告の公表と併せて，公開草案に対して寄せられたコメントへの回答を公表しています。ここでは，寄せられたコメントに対して，実務対応報告の本文では言及されなかった実務上の取扱いに関するASBJの見解が示されています。

　その中でも有償時価発行新株予約権の実務において特に重要な事項として，有償時価発行新株予約権において「未公開企業における特例」が適用されることが明らかにされたことが挙げられます。

　ここで，「未公開企業における特例」とは，ストック・オプション会計基準において規定されている特則で，株式を取引所等に上場していない「未公開企業」については，株価情報が市場に存在せず，費用計上額の基礎となる公正な評価額を見積もることが困難である等の理由から，費用計上を行う会計処理の計算要素となる「公正な評価単価」に代えて，その単位あたりの「本源的価値」の見積りによって費用の金額とすることが認められています（ストック・オプション会計基準第13項）。

　「本源的価値」とは，ストック・オプションの付与時点における株価から権利行使価格を控除した値のことです。すなわち，付与時点において既に生じているキャピタル・ゲインを表す金額といえます。ストック・オプションは，将来における株価の上昇を期待して従業員等に付与されるものであることから，通常，権利行使価格は付与時点の株価と同額もしくはそれよりも高い価額に設定されます。したがって，一般的なストック・オプションの付与時点における本源的価値はゼロであることが多く，事実上費用が計上されない（0円の費用が計上される）こととなります[2]。

　この「本源的価値」の見積りによる未公開企業の特例に関しては，従来有償時価発行新株予約権の場合にも適用できるのか否かについて論点となることも

2　週刊T&A master　No.729　2018.3.5「有償SO，未上場企業は費用計上不要」より

あり，公開草案に対するコメントにおいても日本公認会計士協会や新経済連盟などを中心に，最も多くのコメントが寄せられた事項でした。

そして，これらのコメントへのASBJからの回答として，今回の実務対応報告はあくまでも「現行の会計基準の解釈として権利確定条件付き有償新株予約権を付与する取引の会計処理について明らかにすることを求められたもの」であり，もし適用を認めないとするとストック・オプション会計基準の改正が必要となること，および幅広い関係者に影響を与えることから，「現行のストック・オプション会計基準及びストック・オプション適用指針を見直さないこととした。」という内容が公表されました[3]。

これにより，ストック・オプション会計基準における未公開企業の特例は，ストック・オプションが無償で発行されたか有償で発行されたかは問わず，実務対応報告の適用後においても適用可能であることが明らかとされました。

④ IFRSにおける公正価値の考え方

会社法上においては，業績条件を考慮して算出された評価額を以って発行価格を決定したとしても，特に有利な条件とならないと考えられています[4]。一方，会計処理を行う上では，会社法に基づく払込金額（発行価額）とは別に，会計上の評価額（公正な評価単価，公正価値）を利用する必要があります。会計上の評価額については，適用される会計基準により取扱いが異なります。

前述のとおり，日本基準では，費用計上の基礎となる公正な評価単価の算定においては権利確定条件を考慮してはならないものとされており，勤務条件や業績条件（株価条件を含む）は評価単価の算定において無視されることとなります（その代わり，会計処理の際には失効の見積りとしてストック・オプション数に反映することとされています）。

3　ASBJによる「主なコメントの概要とそれらに対する対応」論点項目27-28参照
　　https://www.asb.or.jp/jp/wp-content/uploads/summary_yusho2017ed.pdf
4　『実務家のための役員報酬の手引き（第2版）』高田剛　商事法務　2017年　P303

　なお，権利確定条件ではない条件の取扱いについては，ストック・オプション適用指針では「権利確定の見込数（すなわち，ストック・オプションの付与数から失効の見込数を控除した数）に関するものを除き，算定の対象となるストック・オプションの主要な特性をすべて反映していること」を求めていることから，権利確定条件以外の条件・特性については評価単価の算定に考慮することが適切と考えられます。

　一方，国際財務報告基準（IFRS）では，会計処理に用いる公正価値の算出に関する取扱いが異なります。IFRS では，会計処理のために使用する公正価値には，「株式市場条件」と「権利確定条件以外の条件」は反映され，「勤務条件」と「株式市場条件以外の業績条件」は公正価値の測定には反映されないものとされています[5]。

　日本基準では，権利確定条件であれば株価条件を含むすべての業績条件が評価単価の算定から除外されますが，IFRS では権利確定条件のうち株式市場条件については公正価値の算定に織り込むことが求められます。業績条件については，日本基準と同様に，公正価値の算定ではなくストック・オプションの失効見積り数に反映することとされています。

　ただし，IFRS においては，業績条件の定義に「(a)相手方が所定の期間の勤務を完了すること」，「(b)相手方が(a)で要求されている勤務を提供している間に所定の業績目標が達成されること」の両方の達成を求めており，一定期間の勤務を要求せずに業績目標の達成のみを条件とした場合には，当該条件は IFRS における業績条件の定義を充足せず，権利確定条件以外の条件として分類され，当該条件は公正価値の算定において考慮されることとなります。そのため，IFRS における有償発行新株予約権においては，費用計上の額を抑えるため，勤務条件を設定せずに業績条件を設定するケースも見受けられます（例えば，電通やマネックスグループ，ノーリツ鋼機など）。

5　『IFRS 株式報酬プラクティスガイド』PwC あらた有限責任監査法人　中央経済社　P38

なお，IFRSにおける勤務条件には，明示的なもののみならず黙示的なものも含まれるとされているため，形式的に発行要項や契約書などに継続勤務の要件を設けないということだけでは"勤務条件なし"とはならず，実務運用の実態においても退職者の権利行使を認めるよう制度を運営していく必要があるものと考えられています。

（3） 一般的な評価事例

設例① 有償時価発行新株予約権（業績条件付き）

- 前提株価＝100円
- 行使価格＝100円
- 満期までの期間＝5年
- 配当率＝0％
- 無リスクレート＝0％
- ボラティリティ＝50％

- 付加条件がない場合は，プレーンなオプションとして，ブラック・ショールズ式等に代入して，約42円/株が結果と得られます。

この新株予約権に，『発行会社の業績条件2020/3期の営業利益が1,200百万円を超過した場合，権利行使可能』という条件を設定した場合，42円の価値がどのように変わるのかというケースを解説します。
※なお，業績条件における業績の見積方法についてはあらゆる状況に対応できる確立された方法がないのが現状と考えられています。この計算方法はあくまで評価上の見積方法の一例であり，今後さらなる研究により適切な評価モデルが構築された場合には計算結果も変わることとなる可能性があります。

業績の達成可能性を見積もるには，発行会社のおかれている現状がどのような状況かを分析するところから始まります。まず，発行会社の直近5年間の営業利益が，下記のような水準で推移していたとします。
2015/3期　1,000百万円
2016/3期　1,080百万円
2017/3期　　925百万円
2018/3期　1,195百万円

2019/ 3 期　1,050百万円

この過去業績から，過去業績の平均値と標準偏差が算出できます。
平均値＝1,050百万円
標準偏差＝100百万円

　ここで，発行会社の業績は，この平均値と標準偏差で決定される正規分布と仮定すると，下記のような分布となります。

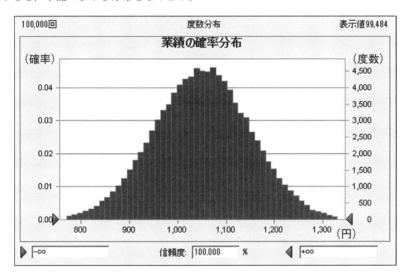

　この分布において，権利行使条件で設定されている業績目標『1,200百万円』がどの位置にあるかを調べます。
　1,200百万円より高い業績を示す部分を濃い色の領域で示すと，下記のようになります。

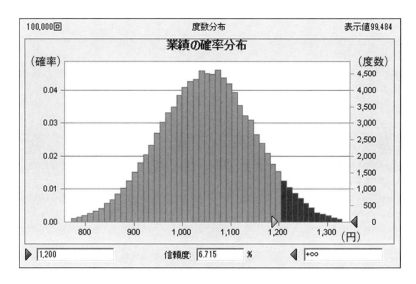

　このグラフによると，業績を達成する可能性は，濃い色の領域の面積部分であり，その範囲は，全体の発生確率を100％とすると，6.715％となります。ここで，オプションの価値はその発生金額と発生確率から求められる期待値の現在価値であると前述しましたが，それに当てはめて考えると，発生金額はプレーンのオプション価値約42円，発生確率は業績条件の達成確率が6.715％，そのため，当該期待値は，約42円×6.715％＝約３円/株程度となります。

設例② 有償発行新株予約権（強制行使条件付き）

- 前提株価＝100円
- 行使価格＝100円
- 満期までの期間＝５年
- 配当率＝０％
- 無リスクレート＝０％
- ボラティリティ＝50％

- 付加条件がない場合は，プレーンなオプションとして，ブラック・ショールズ式等に代入して，約42円/株が結果と得られます。

　この新株予約権に，『割当日から満期日までの期間中，発行会社の株価終値が一度でも50円以下となった場合，付与対象者は満期日までに必ず権利行使をしなければならない』という条件を設定した場合，42円の価値がどのように変わるのかというケースを解説します。

　この行使条件は，今後5年間で株価が強制行使条件発動のトリガー価格である50円を下回るか否かを判断することとなります。株価をシミュレーションし，期中に50円以下となった場合には，その時点で新株予約権としての権利は消滅し，権利行使しなければならないという義務だけが残ることとなります。つまり，株価が50円以下であるにもかかわらず，権利行使価格は100円のままであるため，50円以上の損失がその時点では発生していることとなります。この条件は，ブラック・ショールズ式では反映することができないため，一般的にはモンテカルロ・シミュレーションで評価することとなります。
　モンテカルロ・シミュレーションにおいて，通常のプレーンな新株予約権では，前述のように，満期日において株価が権利行使価格を超えていれば，権利行使がなされるものとして，満期日時点の株価マイナス権利行使価格分のキャッシュ・フローの現在価値を，得られるキャピタルゲインとして認識するだけでよいところ，上記のようにマイナスのキャッシュ・フローが発生することを織り込むことが必要となります。そのため，期中に株価が50円を下回った場合には，その時点の株価マイナス権利行使価格を得られる（損失ですが）キャッシュ・フローとし，期中に50円を下回ることなく，満期日において株価が権利行使価格よりも高い場合は，満期日の株価マイナス権利行使価格を得られる（利益）キャッシュ・フローとすることで，強制行使条件を評価に反映することが可能となります。
　この前提で計算しますと，強制行使条件を織り込んだ評価額は約2円/株程度となります。

設例③　有償発行新株予約権(50%ノック・アウト条件)について

- 前提株価＝100円
- 行使価格＝100円
- 満期までの期間＝5年
- 配当率＝0％
- 無リスクレート＝0％
- ボラティリティ＝50％

- 付加条件がない場合は，プレーンなオプションとして，ブラック・ショールズ式等に代入して，約42円/株が結果として得られます。

　この新株予約権に，『割当日から満期日までの期間中，発行会社の株価終値が一度でも50円以下となった場合，付与対象者は権利行使できない』という条件を設定した場合，42円の価値がどのように変化するでしょうか。

　この条件では，将来の株価が50円以下となった場合には，その時点で新株予約権としての権利は消滅します。この条件は，単純なブラック・ショールズ式では反映することができない（代入する項目がない）ため，一般的にはモンテカルロ・シミュレーションで評価することとなります。

　モンテカルロ・シミュレーションにおいて，通常のプレーンな新株予約権では，満期日において株価が権利行使価格を超えていれば，権利行使がなされるものとして，満期日時点の株価マイナス権利行使価格分のキャッシュ・フローの現在価値を，得られるキャピタルゲインとして認識すればよいところ，株価ノック・アウト条件が付されている場合は，権利消滅によりキャピタルゲインが得られない可能性を織り込むことが必要となります。

　そのため，期中に株価が50円を下回った場合には，キャピタルゲインをゼロとし，期中に50円を下回ることなく，満期日において株価が権利行使価格よりも高い場合は，満期日の株価マイナス権利行使価格を得られる（利益）キャッシュ・フローとすることで，ノック・アウト条件を評価に反映することが可能となります。

　この前提で計算しますと，株価ノック・アウト条件を織り込んだ評価額は約38円/株程度となります。

第6章

時価発行新株予約権信託®，リストリクテッド・ストック，ESOP

1 時価発行新株予約権信託®

(1) 時価発行新株予約権信託®の性質

① 時価発行新株予約権信託®の概要

　時価発行新株予約権信託®[1]とは，委託者と受託者との間で締結される信託契約に基づき，委託者が受託者に対して金銭を信託し，払込資金を保有する受託者に対して，発行会社が有償時価発行新株予約権を発行し，受託者はこれを引き受け，保管し，一定の条件を満たしたときに発行会社の役職員に時価発行新株予約権を交付するスキームです。

　例えば，近い将来に上場を目指している未上場会社が，株式価値が低い段階で時価発行新株予約権を発行し，受託者がこの時価発行新株予約権を保管し，上場後の一定の時期に，その時点で在籍する役職員に対して交付をするといったケースが代表事例です。

　図表6-1は，スキームの概要を示した図です。これを基に時価発行新株予

　1　「時価発行新株予約権信託®」は考案者である松田良成弁護士（漆間総合法律事務所）の登録商標です。

約権信託の具体的な内容を解説します。

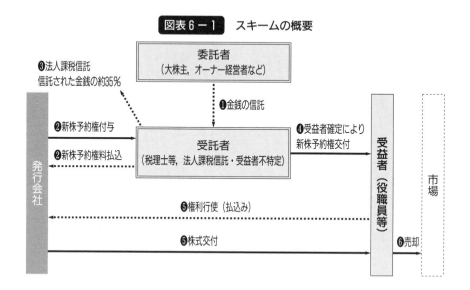

図表6−1　スキームの概要

❶　委託者と受託者との間で締結される信託契約に基づき，委託者が受託者に対して金銭を信託します。また，信託契約の締結と合わせて時価発行新株予約権の交付に必要な受益者の範囲や交付数量などを定めた交付ガイドラインを設定します。なお，信託契約に基づき，発行会社が信託管理人兼受益者指定権者に就任します。

❷　受託者に対して時価発行新株予約権を発行し，受託者は，上記❶で委託者から受託者に信託された金銭を原資として，発行会社から時価発行新株予約権を引き受け受託者は，当該金銭を原資として発行会社が発行する時価発行新株予約権を引き受けます。そして，時価発行新株予約権を引き受けた受託者は信託契約に従い時価発行新株予約権を信託期間満了日まで保管します。

❸　受託者は信託契約書に定められる計算期日に従って，申告・納税をします。

❹　受益者指定権者である発行会社は，信託期間において信託期間満了日で時価発行新株予約権を交付するために，上記❶で定められた交付ガイドライン

に基づき，各受益者（発行会社の役職員）を評価し，時価発行新株予約権を交付する際の個数の基準となるポイントを付与します。信託期間満了日に，受益者が確定し，各受益者が付与を受けたポイントの数に応じて，受託者が保管していた時価発行新株予約権が受益者に分配されます。

❺　時価発行新株予約権を分配された受益者は時価発行新株予約権を行使して，株式の交付を受けます。

❻　必要に応じて，株式を市場で売却します。

② 従来のインセンティブプランとの違い

　時価発行新株予約権信託®と従来のインセンティブプランとの間の根本的な違いは，時価発行新株予約権信託®においては，<u>新株予約権を後から渡すことができるという点</u>にあります。すなわち，従来のインセンティブプランは，割当日に発行会社の役職員に新株予約権が割り当てられ，付与対象者と付与個数が決定されます。これに対し，時価発行新株予約権信託®は，現在発行会社に在籍している役員従業員のみならず，将来採用される役員従業員も含めて，将来の分配時点において，それまでの貢献度およびこれからの貢献期待を考慮して新株予約権の交付対象者と交付個数を決定することが可能となる点において，異なる特徴を有するものです。

③ 時価発行新株予約権信託®のメリット

　上述のとおり，従来のインセンティブプランにおいては，発行会社は，ストック・オプションの発行時点で付与対象者および対象者ごとの付与個数を決定しなければならず，以下のような課題がありました。

ⅰ）役員従業員の過去の実績などを手掛かりに将来の貢献度を現時点で見積もって付与した結果，実際の業績貢献度に応じた適切な報酬配分とならない

ⅱ）発行後に入社する役員従業員との間の不公平を避けるために，何度も新たなストック・オプションを発行しなければならず，煩雑な発行手続や管

理コストの負担が必要になる

iii）新たな発行時に株価が変化していれば，過去のストック・オプションと同等の経済効果を期待するためには，発行規模を増やす必要があり，追加による希薄化に留意が必要となる

これに対して，時価発行新株予約権信託®においては，以下が期待されます。

i ）いったん受託者に対して発行された時価発行新株予約権を受託者が保管することで，信託期間中の役員従業員の貢献度に応じて，将来的に分配することが可能であり，発行時点以降に採用される将来の役員従業員に対しても，同条件の時価発行新株予約権を分配することが可能

ii）期待パフォーマンスとインセンティブの整合を図ることができるため，何度も新たなストック・オプションを発行する必要はなくなる

iii）株価の変化が生じたとしても，発行時の行使価額が維持されるため，過去のストック・オプションと同等の経済効果を享受することを目的に，発行規模を増やす必要はなくなる

また，結果的に，限られた個数の時価発行新株予約権を役職員で分配することになるため，より一層会社業績への貢献意欲が向上するものと期待されるとともに，優秀な人材の獲得にあたっての誘引手段として機能することが期待できます。

上記のように，時価発行新株予約権信託®は，従来型のインセンティブプランの課題を克服し，期待パフォーマンスとインセンティブの整合，入社タイミングによる不平等の解消および資本政策の安定を通じて発行会社の役員従業員，ひいては株主に貢献することができる新しいスキームです。

④　評価方法

時価発行新株予約権信託®は，時価発行新株予約権を設定された信託に入れており，有償新株予約権を発行していることになるため，評価方法については，第5章「有償時価発行新株予約権」と同様です。

（２）　導入件数および各種データ

①　導入件数

　2020年１月現在において，松田良成弁護士およびプルータス・コンサルティングが共同で導入支援をしてきた，時価発行新株予約権信託®が導入されている開示事例は，18社19件あります。また，未上場会社時に導入し，その後上場した事例は14件，未上場会社は130件を越えています。

　以下は，上場会社および未上場時に導入し，後に上場した会社として開示された事例であり，詳細については，各種開示に譲ることといたします。

図表６－２　時価発行新株予約権信託®の導入事例

＜上場会社＞【証券コード】
① KLab 株式会社【3656】
② 株式会社ディー・ディー・エス【3782】
③ 日本商業開発株式会社【3252】
④ 株式会社 IDOM（２回発行）【7599】
⑤ 株式会社インベスターズクラウド【1435】
⑥ 株式会社 PR TIMES【3922】
⑦ パイプド HD 株式会社【3919】
⑧ 株式会社アイドママーケティングコミュニケーション【9466】
⑨ 株式会社マーケットエンタープライズ【3135】
⑩ 株式会社エルテス【3967】
⑪ リネットジャパングループ株式会社【3556】
⑫ アライドアーキテクツ株式会社【6081】
⑬ ジャパンベストレスキューシステム株式会社【2453】
⑭ 株式会社リンクバル【6046】
⑮ 株式会社イグニス【3689】
⑯ 株式会社エー・ピーカンパニー【3175】
⑰ 株式会社ネットマーケティング【6175】
⑱ 株式会社アイ・ピー・エス【4390】
⑲ 株式会社イントランス【3237】

<上場時に導入し，後に上場した会社>【証券コード】
① 株式会社ヘリオス【4593】
② 株式会社マーキュリアインベストメント【7190】
③ 株式会社 PKSHA Technology【3993】
④ RPA ホールディングス株式会社【6572】
⑤ MTG 株式会社【7806】
⑥ 株式会社エクスモーション【4394】
⑦ 株式会社 GA テクノロジー【3491】
⑧ CRG ホールディングス株式会社【7041】
⑨ 株式会社ピアラ【3491】
⑩ リックソフト株式会社【4429】
⑪ gooddays ホールディングス株式会社【4437】
⑫ Sansan 株式会社【4443】
⑬ ベース株式会社【4481】
⑭ 株式会社スペース・マーケット【4487】

② 過去事例から見る信託スキームのデータ

　時価発行新株予約権信託®を導入支援している中で，クライアントとの間でとりわけ議論の対象になるのが，発行規模および信託の本数です。そのデータは**図表６－３**，６－４の通りです。なお，このデータはプルータス・コンサル

図表６－３　発行規模のデータ

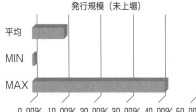

	MAX	MIN	平均
■ 発行規模	41.24%	0.66%	9.99%

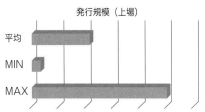

	MAX	MIN	平均
■ 発行規模	10.00%	0.57%	4.18%

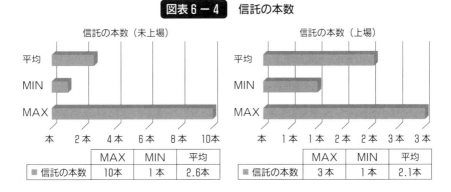

図表6−4　信託の本数

	MAX	MIN	平均
■ 信託の本数	10本	1本	2.6本

	MAX	MIN	平均
■ 信託の本数	3本	1本	2.1本

ティングが関与した案件に限られ，未上場時に導入し，その後上場した会社（上記7社）につきましては，未上場段階に時価発行新株予約権信託®が導入されたため，未上場会社として分類しています。

（3）　デメリット

　時価発行新株予約権信託®は，スキームに関する高度な専門知識を要するため，導入コストが発行会社にとって1つのハードルとなります。とりわけ，設立間もないベンチャー企業においては，資金が十分でない状態での導入は，コストとの兼合いも考えて判断する必要があります。

　他方で，信託を複数設定することで，複数回ストック・オプションを発行しているのと同様の経済的効果の享受が可能になります。複数回ストック・オプションを発行する場合の発行諸費用も加味すると，最終的にかかるトータルの合計費用には大きな違いはないものと考えられます。

　このあたりは，発行会社の資金調達状況とも関連する箇所ですので，初期コストと時価発行新株予約権信託®によってもたらされる経済的効果を加味しつつ，検討する必要があります。

（4） 交付ガイドライン

　時価発行新株予約権信託®のスキームでは，委託者の厚意により受託者に金銭が信託され，受益者の範囲や交付数量等を含め客観的な分配ルールとして定められた交付ガイドラインに基づいて，発行会社は各役職員にポイントが付与されます。そして，各役職員は付与されたポイントに応じて，新株予約権を手に入れることができます。このように，委託者からの贈与を通じて，各役職員は将来のキャピタルゲインを，発行会社は企業価値・株式価値の向上という効果を得ることができます。

　では，上記のような効果を得るために，交付ガイドラインはどのような分配ルールを設定しているのでしょうか。

　この点について，開示されている各事例を見てみますと，一般的な規則性があるのではなく，インセンティブの分配ルールは企業の理念・文化や事業内容，さらにはこれから企業が目指していきたい方向性に適合する形で設計されています。

　以下では，①既存・将来の人材活用を目的とする分配と，②将来の人材採用を目的とする分配に分類して，各社で運用されている分配ルールを紹介します。なお，以下では開示文書をベースとして，わかりやすくするために，筆者が適宜修正を加えています。

① 既存・将来の人材活用を目的とした分配ルール

■人事評価に紐づくルール

> 　役職に応じて各人に毎事業年度に一定数のポイントを付与し，各人が獲得したポイント数に比例按分する。（株式会社ＴＡＴＥＲＵ（旧：株式会社インベスターズクラウド））

　人事評価に紐づくルールは，既存制度に組み込むものであり，役職員へのわ

かりやすさと，管理のしやすさを兼ね備えたものといえます。

■獲得契約額等に紐づくルール

> 定量的な成果を達成した場合（年間粗利1億円超～3億円超の新規案件を獲得した場合や年間経常利益2,000万円超～5,000万円超の原価低減または利益増加を果たした場合など）に，各事業年度につき，その多寡に応じてインセンティブを交付する。（株式会社アイドママーケティングコミュニケーション）

獲得契約額等に紐づくルールは，人事考課や既存の賞与制度だけではカバーしきれない貢献度の高さを個人の評価につなげ，高い業績貢献に対するインセンティブとして活用することが可能になります。

■新規事業立上げに紐づくルール

> 新規事業の立上げ，遂行に対し，インセンティブを交付する。（株式会社マーケットエンタープライズ）

新規事業の立上げや軌道に乗せるまでの事業遂行には，既存業務とは比較にならない苦労をすることもあり，成功すれば会社にとって大きな利益につながることもあります。しかし，上記の契約獲得額と同様，既存の賞与制度だけではカバーしきれないケースもあり，高い業績貢献に対するインセンティブとして活用することが可能になります。

■業務効率化に紐づくルール

> 業務の効率化，工数削減，新業務フローの確立，重要業務の維持運用等に特に貢献した社員にインセンティブを交付する。（株式会社マーケットエンタープライズ）

　管理部門の社員による大幅な効率化やこれによるコスト削減は，時に営業担当社員よりも高い利益貢献につながることがあります。しかし，往々にしてこのようなモチベーションを作るのは難しいことも多いため，あえてこのような貢献度に着目したインセンティブを設けることで，バックオフィスに関与する役職員の貢献にも報いる制度を構築することができます。

② 将来の人材採用を目的とした分配ルール

■採用に紐づくルール

> 　新入社員に向けたインセンティブとして採用の都度インセンティブを交付する。
> （株式会社 PR TIMES）

　採用後，新たな手続を踏むことなく，既存のインセンティブプランに組み込むことができ，採用市場に対するアピールへとつなげることが可能になります。とりわけ，新規上場後にバリュエーションが上がりきっている状況の中で，当該時点でインセンティブ制度を構築するとしても，さらなる株価上昇を期待するのは現実的ではないため，新規上場後のインセンティブ制度の構築には困難を伴うことがことがあります。

　他方で，未上場時点で時価発行新株予約権信託®を導入することで，上記の問題を回避することができ，上場後のインセンティブ制度も賄うことが可能になります。

2　リストリクテッド・ストック

（1）　性質・導入状況

①　新しい株式報酬

　2017年 3 月10日にコーポレート・ガバナンス・システム（以下，「CGS」という）研究会より，「CGS 研究会報告書－実効的なガバナンス体制の構築・運用の手引－」が，また，2017年 4 月28日（2017年 6 月 3 日更新）に経済産業省より「「攻めの経営」を促す役員報酬～新たな株式報酬（いわゆる「リストリクテッド・ストック」）の導入等の手引～」が公表されたことで，経営陣に対するインセンティブ報酬への注目度が高まりました。その中で，今後の経営陣の報酬の在り方として，我が国における固定報酬を中核とする報酬制度を見直し，業績連動報酬や自社株報酬の導入が検討されるべきである旨が要請されています。従来の固定報酬にのみ依存しない，リストリクテッド・ストックやパフォーマンス・シェアのような新しい類型の株式報酬の導入により，経営陣の中長期的な企業価値向上への動機づけや株主の価値共有の可能性が模索されています。

　そこで，以下では，新たな株式報酬として注目されつつある，リストリクテッド（RS）やパフォーマンス・シェア（PS）の概要，本書のメインテーマである実務上の評価について解説します。

②　株式報酬の分類

　現在新たな株式報酬として検討されている類型として，リストリクテッド・ストックおよびパフォーマンス・シェアがありますが，これらは，非金銭報酬であるという点で，従来の固定報酬と異なり，交付物が株式である点で，ストック・オプションとも異なります。

ⅰ）リストリクテッド・ストック

リストリクテッド・ストックとは，一定期間の譲渡制限が付された株式報酬です。株式報酬制度が日本より浸透している欧米では，譲渡制限期間中に一定の勤務条件等を付し，条件が満たされない場合に株式が没収されるのが一般的です。一定期間に譲渡制限を設けることで，経営陣の引き留め効果（リテンション効果），さらには，付与された経営陣に株主目線による経営を促す効果が期待できます。

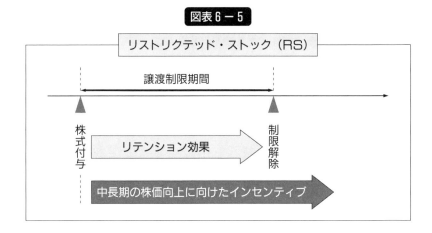

図表 6 − 5

ⅱ）パフォーマンス・シェア

パフォーマンス・シェアとは，中長期の業績目標の達成度合いに応じて，現物の株の譲渡制限を解除する報酬制度です。中長期的な業績目標を設けることで，中長期的の業績向上に向けて発行会社の役職員のインセンティブとして用いられます。

なお，図表 6 − 6 は初年度に株式が付与され，そのあとに譲渡制限を解除する方式のパフォーマンス・シェアを想定した図ですが，当初時点では株式を付与せず，業績評価期間終了時に普通株式を付与する方式もあります。

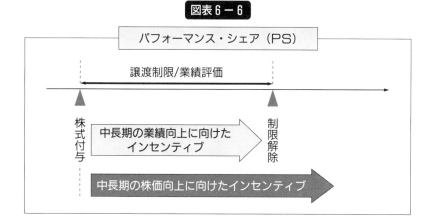

（2）　評価と会計処理について

　リストリクテッド・ストックの会計処理は，初めに交付した報酬債権を基準に費用計上され，市場株価×交付される株数で計算がされていますので，渡す株数と市場株価で単純に費用計上額が決まります。

　ストック・オプションの場合には，一般的なモデルであるブラック・ショールズモデルやモンテカルロ・シミュレーションモデルを用いた評価がなされますが，リストリクテッド・ストックの場合には，報酬の一環として現物の株式が交付されますので，評価額は基本的に市場株価になります。

　評価の観点からいいますと，リストリクテッド・ストックの評価の方がストック・オプションの評価より簡便です。

　しかしながら，リストリクテッド・ストックは，その制限が解除されるまでの間もその間の配当を受け取ることができてしまうことにストック・オプションとの差異があります（ストック・オプションは権利行使して株式を受け取らないと配当を受け取ることがない）。評価上は，その分差異が生じます。配当率が高い企業は，株式報酬型ストック・オプションを選択した方が，権利行使までの配当が評価額から減じられる結果，費用計上額を抑えることができます。

経済的に同様の効果とされている両者に，このような差異があることはあまり認識されておらず，非常に興味深い点といえます。

（3）　今後の評価の観点からの課題

リストリクテッド・ストック等に業績や株価の条件が付いている場合，評価の可能性については再考が必要です。上述のとおり，リストリクテッド・ストック等は，単純に市場株価をもとに評価されるのが一般的です。しかしながら，一定の業績や株価を達成しなければ株式をもらえないのであれば，その有価証券の期待値はその分低くなるはずです。

この観点からは，現在の実務では，企業が発行した有価証券の価値よりも過大な費用計上を行っているということを示しており，市場や企業関係者の理解や実務の変化が待たれるところです[2]。

3 ESOP

（1）　ESOPの概要

①　ESOPとは？

ESOPとは，Employee Stock Ownership Plan の略であり，元来は自社株式を活用した従業員向け報酬制度，退職・年金支給制度として，米国や英国等において制度化されてきたものでありました。これを我が国の実務に対応するようカスタマイズしたものが，いわゆる日本版ESOPです。

近年では，従業員向けのみならず，対象者を企業の役員に限定した信託スキー

2　同様の見解を示す文献として，中村慎二（2017）『新しい株式報酬制度の設計と活用　有償ストック・オプション＆リストリクテッド・ストックの考え方』87頁，中央経済社があります。

ムも増加しており，厳密に言えば ESOP とは同一のものではありませんが，対象とするのが従業員ではなく役員であること，およびそれに伴う導入手続面での差異を除いて，日本版 ESOP のうち株式給付型のスキームと基本的な構造は同じであるため，便宜上，本書では特段の断りがない場合，日本版 ESOP の一形態として説明します。

②　ESOP の類型

　日本版 ESOP についての明確な定義は存在していませんが，2008年に経済産業省が公表した「新たな自社株式保有スキームに関する報告書」（以下，「経産省報告書」という）において紹介された，信託等のビークルを利用した新スキームを日本版 ESOP として解説する文献があったことから，以後この名称が多く用いられるようになりました。

　経産省報告書においては，日本版 ESOP を，企業が信託等のビークルを通じて保有する自社の株式を，①従業員持株会に対して時価で適宜売却していくスキーム（以下，「従業員持株会型」という）と，②一定の要件を満たす従業員もしくは退職者に無償譲渡していくスキーム（以下，「株式給付型」という）の 2つに分けています。

　従業員持株会型スキームは，信託が金融機関から借り入れた金銭を原資として，持株会が将来買い入れることを予定している株式を，あらかじめ一括して信託に取得・確保させ，持株会が定期的に信託から株式を購入していくものです。持株会制度の安定的な運用を図るとともに，信託に留保されている株式の値上がり益を持株会の会員である従業員に分配することで株価上昇へのインセンティブを付与することを目的に実施されます。

　他方で，株式給付型スキームは，導入企業が信託した金銭を原資として，将来に対象者へ交付することを予定している株式を，あらかじめ一括して信託に取得・確保させ，信託の存続期間中において，一定の支給規準に従って信託から対象者に株式を交付するものです。主に株式の支給時期を対象者の退職時等に設定することにより，米国における退職給付制度としての ESOP と同様の制

134

度設計を目指して実施されることが一般的です。

　図表6－7，図表6－8は，各スキームの概要を示した図であり，これを基にESOPの具体的な内容を解説します。

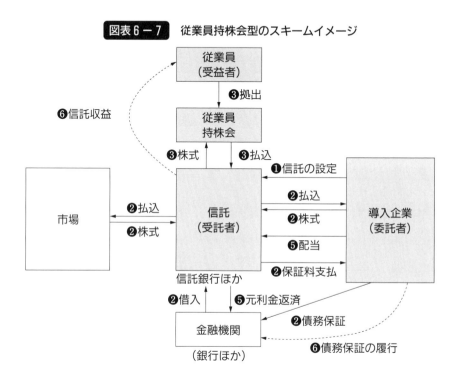

図表6－7　従業員持株会型のスキームイメージ

❶　導入企業を委託者，企業の従業員持株会に加入する従業員を受益者，信託会社を受託者とする信託契約を締結し，企業は金銭の信託の設定を行います。当該信託契約は，受託者が信託にて企業の株式を取得し，企業の従業員持株会へ当該株式を売却することを目的とします。

❷　受託者である信託は，金融機関等からの借入金により，信託にて企業の株式を取得します。この取得は，企業による募集株式の発行等の手続による新株の発行，もしくは自己株式の処分，または信託における市場からの株式の取得により行われます。また，当該借入金の全額について，企業による債務

保証が付され，企業は信託の財産から適正な保証料を受け取ります。

❸ 受託者である信託は，信託契約に従い，信託にて保有する企業の株式を，時価により企業の従業員持株会へ売却します。

❹ 信託は，信託契約に従い，信託の決算を毎期行います。

❺ 受託者は，信託期間中に，信託にて保有する株式の売却代金と配当金を原資として信託における金融機関等からの借入金および借入利息を返済します。

❻ 信託終了時に，信託において株式の売却や配当金の受取りなどにより資金に余剰が生じた場合にはその余剰金は従業員に分配され，企業に帰属することはありません。これに対して，信託において資金に不足が生じた場合には，企業は債務保証の履行等により不足額を負担します。

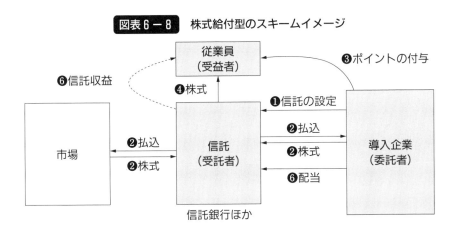

図表6−8 株式給付型のスキームイメージ

❶ 導入企業を委託者，企業の一定の要件を満たした従業員を受益者，信託会社を受託者とする信託契約を締結し，企業は金銭の信託の設定を行います。当該信託契約は，受託者が信託にて企業の株式を取得し，企業の従業員へ当該株式を交付することを目的とします。委託者である企業は，信託の変更をする権限を有しております。

❷ 受託者である信託は，信託された金銭により，信託にて企業の株式を取得

します。この取得は，企業による募集株式の発行等の手続による新株の発行，もしくは自己株式の処分，または信託における市場からの株式の取得により行われます。

❸　企業は，あらかじめ定められた株式給付規程に基づき，受給権の算定の基礎となるポイントを，信託が保有する株式の範囲で従業員に割り当てます。

❹　割り当てられたポイントは，一定の要件を満たすことにより受給権として確定します。受託者は，信託契約に従い，確定した受給権に基づいて，信託にて保有する企業の株式を従業員に交付します。

❺　信託は，信託契約に従い，信託の決算を毎期行います。

❻　信託終了時に，信託において配当金の受取りなどにより資金に余剰が生じた場合にはその余剰金は従業員に分配され，企業に帰属することはありません。

③　導入件数

ESOP の導入件数については，2007年に初めて導入されて以降，毎年安定的に導入件数の増加が見られます。**図表 6 − 9** は，導入件数の推移を示したものです。

図表 6 − 9　累計リリース数

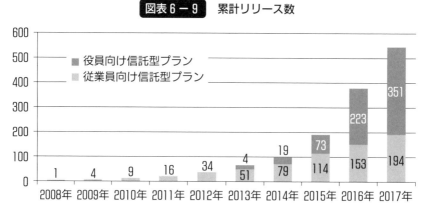

出典：ウイリス・タワーズワトソン・三菱 UFJ 信託銀行株式会社『株式導入の状況（2017年 8 月）』より

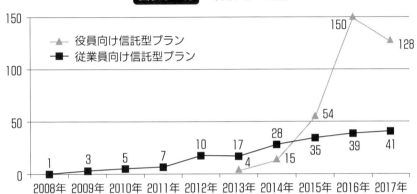

図表6−10　年間リリース数

出典：ウイリス・タワーズワトソン・三菱UFJ信託銀行株式会社『株式導入の状況（2017年8月）』より

- 各年とも，前年7月から当年6月末日までの1年間に信託型プラン導入をリリースにより発表したものを調査
- 棒グラフ（**図表6−9**）は累計のリリース件数，折線グラフ（**図表6−10**）は単年度ごとのリリース件数を表したもの
- 同様のプランにつき，概要・詳細等の複数のリリースがされているものは1件としてカウント
- 毎年信託設定に伴うリリースをしている場合には，毎年1件としてカウント
- 原則として，役員向け信託型プランは取締役・執行役および執行役員（委任契約）を対象とし，従業員向け信託型プランは執行役員（雇用契約）・部長以下の従業員を対象としている

（2）　評価と会計処理

①　評価の必要性

ⅰ）従業員持株会型

　従業員持株会型では，受託者である信託は，金融機関等からの借入を行い，導入会社が債務保証を付ける必要があり，信託は会社に対して債務保証料を支払う必要があります。そして，株価が下落すると信託が損失を負い，その損失は導入企業が補填することとなります。

　会社としては，適正な債務保証料を受け取らなければ，自社の従業員を有利

に取り扱っていることになり，株主平等原則（会社法109条1項）に反する可能性があります。そのため，適正な債務保証料の金額は，将来の株価下落リスクを織り込んで損失の期待値をもって評価すべきであると思われます。

ⅱ）株式給付型

他方で，株式給付型では，導入会社は金銭を信託し，信託が市場または，会社から株式を市場株価で取引をします。そのため，この取引では明確な市場株価で取引されるため，第三者評価機関による評価は特段行われません。

② 会計処理目的での評価

2013年12月25日に，企業会計基準委員会（ASBJ）が，実務対応報告第30号「従業員等に信託を通じて自社の株式を交付する取引に関する実務上の取扱い」を公表しました。これにより，それまでばらつきがあったESOPの会計処理は整理されました。

実務対応報告では，期末における総額法による会計処理が示されていますので，ストック・オプションと異なり，会計処理目的でも第三者評価機関による評価は行われていないというのが一般的な実務であると思われます。

③ 評価事例

設例④ ESOP（従業員持株会型の保証料について）

- 信託期間：5年
- 前提株価：100円
- 年間配当金額：0円
- 無リスクレート：0％
- ボラティリティ：50％
- 設定金額（当初株式購入金額）：620,000,000円
- 当初購入株式数（対象株式数）：6,200,000株（設定金額÷前提株価）
- 持株会からの拠出金額：月1回 10,000,000円
- 賞与による拠出額：年2回（6月と12月）各2,000,000円

　従業員持株会型 ESOP は，信託が株式市場から株式を購入する際の銀行借入の債務保証を導入企業が負っていることから，信託から導入企業に対して保証料の支払いを要するスキームとなっております。そのため，適正な保証料の算出が必要となります。

　ここで，保証料とは，導入企業が将来負担することとなるキャッシュ・フローの金額（負担するためマイナスのキャッシュ・フローとなります）の期待値であると考えられます。株価が値上がりしている場合，信託には保有株式数が残存することとなるため，損失は発生せず，導入企業が負うマイナスのキャッシュ・フローはゼロとなります。一方で，将来株価が値下がりしている場合には，信託に残存している株式数が信託期間満了を迎える前にゼロとなり，信託には負債だけが残ることとなり，当該負債額を導入企業が保証することとなるため，負債残高分が，マイナスのキャッシュ・フローとなると考えられます。つまり，株価が値上がりしていれば損失ゼロ，値下がりしていればその値下がり分に応じた損失を被るため，導入企業側からすると，プット・オプションを売っている立場であると考えられます。したがって，導入時点で当該プット・オプションの価値を保証料という形で導入企業が信託から受け取ることが，従業員持株会型 ESOP での適正な取引であると考えられています。

　なお，上記の通り保証料はプット・オプションの価値と考えられますが，株価に応じた保有株式数の減少等，ブラック・ショールズ式では反映することができない部分が多いため，評価の際には一般的にはモンテカルロ・シミュレーションで評価することとなります。モンテカルロ・シミュレーションを用いて，導入企業が負うこととなるキャッシュ・フローを計算し，キャッシュ・フローのマイナス金額の期待値を，適正な保証料とみなすこととなります。以下は，上記を踏まえた保証料算出の一般的な手順となります。設例の前提条件，導入企業・信託・持株会それぞれの行動に応じたキャッシュ・フローを基に，導入企業が負うこととなるキャッシュ・フローの平均値を算出します。

＜導入企業の行動＞
① 　導入企業は，信託が被った損失（負債残高）を保証する。
＜対象信託の行動＞
② 　契約後，借入金全額で導入企業の株式6,200,000株を市場にて一括で購入する。
③ 　信託期間である5年間の株価に基づき，毎月1回，信託は，株式を時価で一定金額分（月額拠出金10,000,000円）ずつ持株会に売却するものとする。さらに，毎年6月と12月における賞与を原資とした拠出額（各2,000,000円）分の対象株式をその時点の時価で持株会に売却するものとする。ただし，保有株式数がゼロとなった時点で信託期間終了とする。

＜持株会の行動＞

④　信託期間である5年間の株価をシミュレーションし，毎月1回，持株会は，株式を時価で一定金額の割合（月額拠出金10,000,000円）で購入するものとする。さらに，毎年6月と12月における賞与を原資とした拠出額（各2,000,000円）分の対象株式をその時点の時価で対象信託から購入する。

＜評価フロー＞

⑤　満期日において株式が残存している場合は，信託期間中に借入金を返済し終えていることとなるため，導入企業の負担はゼロとする。

⑥　期中で保有株式がゼロとなった場合，その時点以降の信託からの返済が不可能となるため，その時点における負債残高分を，導入企業のマイナスのキャッシュ・フローとする。

⑦　上記のシミュレーションを10万回繰り返し，その平均値を損失の期待値とし，その額を導入企業が保証する金額とし，信託の保証料とする。

　この前提で計算すると，保証料は，約155,000,000円（設定金額の約25％）程度となります。

第**7**章

第三者割当新株予約権

1 ▪ 第三者割当新株予約権とは

(1) 第三者割当新株予約権の種類

　第三者割当新株予約権とは，企業が資金調達を行う際の選択肢の１つとして行われる資金調達手法であり，年間100件程度実施されています。第三者である投資家に新株予約権を割り当て，投資家は権利行使をすることにより，発行会社には権利行使価格分の金銭が得られるため，資金調達が可能となります。

　前章までは，インセンティブ目的の新株予約権についての記述でしたが，本章では，その目的が資金調達となることから，その新株予約権の評価の前提も，付与対象者が異なることで考慮すべき要素が変わってきます。また，発行する規模（発行株式数）も大きくなることから，既存の株主からすると希薄化の恐れがあるため，発行会社は，有利発行の懸念も含め厳しい目でみられることに注意が必要となります。さらに，ストック・オプションの発行と異なり，関係当事者が増えることから各所の対応作業も増えることとなります。その中でも，近年，監査役への説明についてはより重要性が高まってきています。

　第三者割当新株予約権の種類としては，大きく分けて行使価格が変動するものとしないものの２種類があります。どちらにも一長一短があり発行会社の置

かれている状況と今後の資金調達の予定を考慮して決定する必要があります。

行使価額の決定方法は固定型と修正型の2種類があります。固定型は行使価額が満期日まで一定であるため、株価が高くならなければ希薄化は起こりませんが、株価が下がってしまった場合には思いどおりの資金調達ができない可能性があります。

一方、修正型では、株価下落時においても行使価額が下方に修正される（ただし、下限値が設定される）ことから、資金調達の確実性は高くなります。また、修正型には、修正の頻度により、毎日、1週間ごと、1ヵ月ごと、半年ごとなど一定の頻度が定められるものや、任意の一時点で1回のみ行われる等の様々なパターンがあり、後者のパターンほど固定型に近づくものとなります。

なお、取引所の規程上、6ヵ月間に1回を超える頻度の修正型は、開示内容が厳格化される等の規制に服することとなります。

最近では、同時に複数回号発行し、それぞれの行使価額を段階的に上昇させることで、固定型でありつつ修正型とおおむね同様の効果をもたせる例もあります。資金調達を行う企業の資金需要は発行時の一時点のみではないことも多く、資金の必要時期に応じて段階的に調達することが一般的であり、これが可能となるのが新株予約権の長所でもあります。

計画どおりに事業が進捗していれば株価は上昇していることが想定され、行使価額もこれを想定して高く設定することにより、発行時の株価水準で資金調達するよりも調達額は多くなるため、発行会社としては少ない株式数でより効率的に資金調達できたことになります。

一方で割当先としても、行使価額が高く設定されているため、発行時の新株予約権の評価額が下落する結果、発行価額（初期投資額）を抑えることができるというメリットもあります。

また、自社の役員や従業員に割り当てるストック・オプションと異なり、純粋な投資として第三者に発行する新株予約権であるため、投資家との詳細な取決めを設定することが多く、ストック・オプション以上に細かい行使条件が付されていることがほとんどです。

　本章では，一般的に付されている条件を評価にどのように織り込むかについて説明していきます。

（2）　第三者割当新株予約権を用いることのメリット・デメリット

①　メリット

　新株予約権を用いることは，株式をすぐに発行することと異なり，権利行使されなければ株式は発行されないため，希薄化が一度に起こることを防ぎ，なだらかな希薄化となります。すぐに資金が必要ではないが，今後の投資資金のために調達手法を確保しておきたいという状況の発行会社にとっては，前もってその準備ができることがメリットと考えられます。

　一方で，投資家側のメリットとしては，リスクを回避できることにあります。発行後，株価が期待どおりに上昇しなかった場合，普通株式で投資していた場合には下落分が丸々損失となりますが，新株予約権での投資であれば，権利行使をしなければ損失は最初の払込金額だけで済むこととなります。

②　デメリット

　すぐに資金が必要な場合は，早く権利行使をしてもらう必要がありますが，それでは普通株式の新株発行となんら変わりません。投資家としては株価の値上り益を得られるまで権利行使しないことから，発行会社としては権利行使を待つこととなるため，緊急を要する場合には向かない手法と考えられます。また，発行後株価が下落してしまった場合，行使価格よりも株価が低い状態で権利行使を行う投資家はいないため，資金調達が思いどおりに進まない可能性があることに留意する必要があります。

　投資家側での大きなデメリットはあまりないですが，あえて挙げるのであれば，権利行使価格以外に，新株予約権料（オプション料）を追加で最初に支払う必要があるため，その分多めの資金負担があることが考えられます。また，

株価が下落基調のまま権利行使期間の満期日まで経過してしまった場合，払ったオプション料は丸々損失となる可能性がある点がデメリットと考えられます。

（3） 希薄化と流動性

　第三者割当新株予約権の評価にあたり，基礎的なパラメータ以外の重要な要素として，市場の流動性が挙げられます。従業員向けのストック・オプションにおいても考慮することは考えられますが，資金調達となると，発行する株式も多くなり，より重要なパラメータとなってきます。

　市場の流動性が非常に注目された事例としては，最近ではリーマン・ショックが挙げられます。当時は，関係各所がこぞって自身の保有ポジションの再構築を迫られていたことが想定されたことに加え，市場では荒れ相場が今後も続くものと考えられていました。そのため，対象銘柄のボラティリティが今後も上昇する（市場価格は激しく乱高下する）ことが見込まれ，取引の注文が一方向に偏っていたと考えられます（ボラティリティの買いポジションを持とうという動き（買い注文）が強くなっていました）。そのような，相手方（売り注文を出す側）がいない状況（流動性が少ない）において新たな取引を実施するには，より多くの取引コストが必要な状況であったと推測できます。

　流動性は，会社ごとに異なり，上場会社であっても，毎日大量に株式の売買がされている会社もあれば，1日に100株にも満たない出来高の会社もあります。そのような状況で，仮に同じ株式数の新株予約権を発行した場合，あきらかに後者の方がキャッシュ・フローの実現可能性が低いことが窺えます。

　つまり，流動性が低い（売買出来高が少ない）ということは，売却したいときにスムーズに売却ができず，売りが残る形となり，それは株価を下げる要因となります。

　そうなった場合，売れ残りの株式の価値が，権利行使価格よりも低くなってしまう場合もあります。逆に，流動性が十分に確保されている会社の株式であれば，そのような売れ残りの心配もなく，若干の株価の変動はあるものの，そ

の時点の時価に等しい値で売却することが可能と考えられます。

　近年の第三者割当新株予約権の評価においては，そのような現実の市場を考慮するため，市場で売却できる株式数の数に制限を設けることで，投資家（付与対象者）にとっては不利な足かせとなりますが，実際の市場の影響を考慮している点で，より実際のマーケット環境に即した価値を評価しているとも考えられます。

（4）　当事者の行動

①　発行会社の行動パターン

　第三者割当新株予約権の評価にあたり，インセンティブプランでは付されることが少ない発行会社側の権利を考慮する必要があります。

　例えば，新株予約権の取得条項等がそれにあたります。新株予約権の取得条項とは，発行した新株予約権を，発行会社側の意思で投資家から取得できる権利です。新株予約権の評価上，発行会社は権利行使を待つ側であるため，せっかく発行した新株予約権をすぐに取得するという行動をとることは基本的には考えられません。

　しかしながら，行使価格固定型の新株予約権を発行した後，株価が想定以上に上昇した場合など，より少ない株式数でより多くの資金調達が可能な状況となった際には，今発行されている新株予約権をいったんキャンセルし，新たに発行し直したほうが，希薄化も少なくできることから，株主に対しても説明がつく取得事由が発生していると考えることも可能となります。そのため，取得条項を発動することが発行会社として合理的に想定できるのであれば，その行動を評価に織り込むことも可能となります。

　なお，あくまで発行時点で見積もれる最善の想定行動であるため，発行後の市場環境により，当初の想定どおりの行動をとれなかった場合でも，後から評価を変えるようなことはないと理解されています。

② 投資家の行動パターン

第三者割当新株予約権の評価にあたり，投資家側の投資行動は，評価に非常に重要な影響があります。一度にすべて行使するのか，あるいは，流動性を考慮して行使するのか等，想定の置き方次第で評価額は大きく変わることとなります。

また，権利行使する場合には，株価と行使価格がどの程度離れていたら行使するのか（１円でも株価が高ければ行使するのか，あるいは10％程度行使価格よりも株価が高くなければ行使しないのか等）も考慮することとなります。

実際に株主間契約において，権利行使を一定程度制限する契約を結ぶことも少なくありません。前述のように，発行される規模がストック・オプションと異なり，大きな規模となることが一般的であるため，一度にすべて権利行使されることは稀であり，流動性に配慮しながら行使することが考えられます。

なお，発行会社に取得条項（コール条項）が付されていることと対の条件で，投資家側の取得請求権（プット条項）が付されていることもあります。新株予約権を投資家側からキャンセルすることと引き換えに，払い込んだ金額をいつでも返してもらえる権利ですが，こちらも，いつ発動する予定なのか，発動するならばどのような状況の時なのかを評価に織り込むこととなります。

2 ■ 新株予約権の評価方法

(1) 基礎数値

基礎的なパラメータは，ストック・オプションの評価と同様，株価，権利行使価格，期間，配当率，無リスクレート，ボラティリティの６つの基礎数値を参照することが一般的です。

ストック・オプションと異なる点は，満期までの期間は日本の会計基準で定められている予想残存期間（権利行使期間の中間点）ではなく，割当日から権

利行使期間の満期日までの期間を設定することが一般的である点です（有償時価発行新株予約権の評価と同様）。

　また，発行規模はストック・オプションよりも大規模となることが一般的であるため，希薄化の影響や，権利行使後の株式の処分方法についてより実態に即した前提で評価することが求められることとなるため，基礎数値以外に，次項に記載の条件やマーケット状況を考慮する必要があります。

（2）　特殊な条件の紹介と評価方法

　発行会社側の権利として過去に設定されたことがある主な条件をどのように評価に織り込むべきかを以下に述べます。

取得条項
発行会社が新株予約権を自由に付与対象者から取得できる権利であり，一般に「コール条項」と呼ばれる。
強制権利行使条件
付与対象者に新株予約権を権利行使することを，発行会社が強制できる権利。
権利行使禁止条件
付与対象者に新株予約権を権利行使することを，発行会社が禁止できる権利。

　それぞれについて，どのように評価に織り込むかを解説していきます。

①　取得条項（コール条項）

　新株予約権自体を一定の対価（多くの場合発行価格）を支払うことにより発行会社が取得できるため，一種のコール・オプションのような条件になります（発行会社が新株予約権を買える権利）。発行条件にもよりますが，発行がいつでも取得条項の権利を行使することが可能な条件が一般的です（「エニータイムコーラブル」と呼ばれています）。

　ここで，新株予約権の評価に織り込む方法としては，この取得条項の権利を

どのように発行会社が行使をするのかを考慮し，その仮定に基づいた評価を行うことが考えられます。

例えば，株価がある程度まで上昇した場合（仮に発行時から2倍の株価になった場合など）には，その新株予約権をそのまま存続させるより新たな条件（行使価格をその時点の高い株価と同額に設定する等）での発行とすることも検討できることから，発行会社としては他の有利な資金調達手法に切り替えるため，取得条項を発動するという行動が合理的とも考えられます。

なお，当該取得条項は，発行会社側の権利であることから，発行会社に取得されると権利行使のタイミングを失うため，投資家側のキャッシュフローは少なくなる方向に働きます。そのため，発動する予定もないのに無理やり評価に織り込んだり，発行後すぐに取得するという前提を評価に織り込んだりすることは，当事者や株主への説明が困難になると考えられ，ひいてはそのような評価を採用したことで有利発行であったのではないかと株主から追及される可能性も考えられます。

② 強制権利行使条件

発行会社側のメリットとしては，発行会社が時期を選んで権利行使を強制することができるため，円滑な資金調達が期待できることがあります。ただし，付与対象者にとっては，保有し続けられていたらより多くのキャピタルゲインを得られたはずであった機会を失うことになり，新株予約権の評価額は低くなります。

この条件についても，資金使途との整合性も考慮しながら，発行会社がどのタイミングで強制権利行使条件を行使するのかを仮定し，評価を行うことが考えられます。

また，投資家が権利行使をするとマイナスのキャピタルゲインが発生するような状況では，強制力が発生しないというケースが多くありますが，中にはマイナスが発生してでも一部分の新株予約権を強制的に行使させる強力な条件で発行されたケースもあります。そのような条件のオプション価値は，かなり低

くなるものと考えられます。

③　権利行使禁止条件

　発行会社側のメリットとしては，一定程度株価が上昇した場合は権利行使を停止することができるため，権利行使された際の希薄化を防止することが期待できます。

　新株予約権発行後に，重要な意思決定を行うために一定期間株価に大きな影響を及ぼさないように権利行使を禁じるために設定されることがあります。

　しかしながら，資金調達が目的で発行される新株予約権であることから，積極的に権利行使を禁じる理由は，発行時点ではないと考えることが一般的であるため，評価上は織り込まないことがほとんどです。

　権利行使を制限するよりも，権利行使を実施してキャピタルゲインを得られる前提で評価する方が，価値が高く出るため，より保守的に評価していると考えられることから，計画的に禁止を予定している場合でなければ，前提としては権利行使禁止条件はないものとして評価したほうが望ましいと考えられます。

　次に，付与対象者側の権利として設定される条件をどのように評価に織り込むべきかについて解説します。

取得請求権
付与対象者が新株予約権を発行会社に買取請求できる権利。
権利行使数
付与対象者が権利行使可能な株式数に一定の制限を設ける場合がある。

④　取得請求権（プット条項）

　発行後の株価推移が，権利行使価格を下回っている場合，付与対象者は権利行使ができないため，そのまま満期日を迎えてしまった場合，新株予約権の発

行価格（払込価格）分，付与対象者が損してしまう可能性があります。取得請求権は，それを避けるため，権利行使が見込めなくなってしまった新株予約権を，一定の対価（多くの場合発行価格）をもって発行会社に買い取ってもらい，損失を防ぐことができる権利です。

　この条件は一般に「プット条項」と呼ばれています。付与対象者としては，新株予約権自体を一定の対価で発行会社に売ることができる権利であるため，一種のプット・オプションのような条件（新株予約権を売れる権利）になります。株価が一定条件を満たした場合に権利が発生するなどの条件が付されていることが一般的です。評価においては，その発生条件を反映させることで，本条件を評価に織り込むことが可能です。

　取得条項と異なり，こちらは投資家側の権利であるため，権利行使が見込めない可能性が高くなった新株予約権をずっと保有し続けるよりは，いったんキャンセルするという選択肢を考えることは経済合理的であると考えられます。

⑤　権利行使数

　権利行使期間の満期日まで保有することが，新株予約権の時間的価値を最大限に引き出すと一般的には言われていますが，実際の付与対象者がとりうる行動として，権利行使期間の途中に権利行使することは当然に考えられます。

　また，権利行使期間の途中で権利行使する場合，残存するすべての新株予約権を行使するかと言えば，必ずしもすべてを行使するものでもないと考えられます。

　つまり，権利行使期間中は，一定の基準をもとに，付与対象者は権利行使するかを判断し，また権利行使する数も一定の基準のもと判断することが考えられます。そのため，付与対象者の一定の権利行使基準を仮定し，その仮定を反映させて評価を行うことで，本条件を評価に織り込むことが可能です。月間の権利行使可能数が制限されている場合なども考慮が必要となります。

（3）　第三者割当新株予約権の評価実務

①　評価の必要性と時期

　これまで述べてきたように，上場会社は有利発行でなければ取締役会のみで新株予約権の発行を決議することが可能です。取締役会はその判断の合理性を根拠づけるため，第三者評価機関による新株予約権の価値評価を取得するのが一般的です。この判断過程は，取引所開示規則および金商法による開示資料において記載が求められるほか，事後に監査法人からも会計監査の観点から新株予約権価値に関する分析が行われることになります。

　新株予約権の発行条件が前述のように多様化している中，各発行条件が適切に価値評価に考慮されているかが判断の公正性確保のため重要であり，このような観点から評価実務にも注目が集まるようになってきています。

　新株予約権の発行条件および価値に関する取引所・財務局・監査役・監査法人等に対する説明は決議が行われる約1～2週間前には行い，適宜質疑応答のプロセスを経てあらかじめその妥当性が判断されます。そのため，実務上は，発行予定の1～2ヵ月前の，投資家との交渉の段階から第三者評価機関に新株予約権の評価を依頼し，新株予約権の発行条件と公正価値を比較考慮しながら検討，交渉していく必要があります。

②　評価の考慮要素

　新株予約権の価値は将来投資家に期待されるキャッシュフローの現在価値をもって評価されます。そのため，価値評価においては，一般的な株式オプションの評価に必要とされる基礎数値（オプション期間，行使価額，株価，ボラティリティ，配当利回りおよび無リスク利子率）のほか，発行会社と割当先（投資家）にそれぞれ付されている発行条件と，これらに応じた発行後に想定される各当事者の行動を考慮して，価値評価に織り込むことが必要であり，このような手法が評価実務の通例となっています。

　第三者割当による新株予約権は，一定規模の資金調達を企図して発行される
ため，市場で流通する株式の数よりも比較的大規模な株式数が発行されること
も多いです。投資家は大量の新株予約権を引き受けても，行使期間における実
際の株式の流通量が少なければ，実現できる期待キャッシュフローは無論，減
少することになります。投資家は市場の出来高に合わせてリスクを軽減しなが
ら新株予約権を権利行使し株式を売却していくため，各当事者の行動を想定す
る上でも特にこの株式の流動性を価値評価において考慮することが必要です。

　このように新株予約権の価値評価においては，新株予約権の発行条件のみな
らず，株式市場の状況や，これらに対応して各当事者に想定される行動を可能
な限り評価に織り込むことが肝要です。

　第三者割当新株予約権では，複雑な条件，株価に応じた条件を考慮するため，
これらを網羅的に反映できる手法である，モンテカルロ・シミュレーションを
用いて算出されています。これは，開示リリースにもその旨の記載が多く見ら
れます。

　二項モデルを採用しない主な理由としては，二項モデルは，将来の株価が上
昇かもしくは下降するかの2種類に限定し，株価の経路を作成しオプションの
価値を算定するモデルであり，取得条項，行使条項や市場を鑑みた売却を織り
込むことは理論上可能ですが，非常に複雑なモデル構築になり，モデルの検証
および数値の変更等の対応に膨大な作業時間がかかる可能性があることがあげ
られます。

　モンテカルロ・シミュレーションでは，二項モデルと比較するとモデル構築
は，比較的複雑ではなく，モデルの検証およびモデルの数値変更等の対応も比
較的スムーズに行うことができ，直感的に理解可能なモデルと考えられていま
す。

　また，過去の裁判例においても，モンテカルロ・シミュレーションを使用す
ることに特に不合理な点はないとしてモンテカルロ・シミュレーションの評価
方法が認められているため，一般的な新株予約権は，モンテカルロ・シミュレー

ションで評価されることが多くあります。

　オプションの評価モデルとして最も有名なものとしてブラック・ショールズ式があります。この式は完全市場（流動性が無限にあり，取引がノーリスク・ノーコストという理想的な市場）がその前提となっており，例えばドル円等の為替オプションなどこの前提に近い想定ができる金融商品の評価には適しています。

　ブラック・ショールズ式でも一応の計算をすることは可能ですが，前述のように，ブラック・ショールズ式に代入できる数値は限られており，複雑な条件を反映することが難しいため，正確に条件を反映することができません。そのため，ブラック・ショールズ式では，あくまで参考値として複雑な条件を織り込まないプレーン・バニラなオプションを評価することになります。

　しかし，完全市場の理想的な市場で何ら制約も受けずに得られるキャッシュフローを想定した新株予約権の価値評価は，流動性が限られている個別銘柄の評価においては過大評価する結果となります。

　すなわち，実際の株式市場においては，一度に多くの新株予約権を行使して出来高に対して大量の売り注文を出せば，株価が値崩れを起こす結果となり，割当先としてもその後の権利行使の可能性を確保するため，このような事態を避け，出来高に対して一定量ずつ行使・売却するなど流動性に配慮した行動をとるのが一般的です。そのため，完全市場を前提として権利行使した分は必ずキャピタルゲインを得られることを前提とした評価は非現実的となり，現実で得られるキャッシュフローよりも高い結果を算出してしまうことになります。

　新株予約権を発行する場合，通常は取得条項や取得請求権等の条件が付されており，条件が複雑になることが多く，そのような場合に対応できるモンテカルロ・シミュレーションが多用されているとも考えられます。

　なお，ストック・オプション評価と異なり，第三者割当新株予約権の評価に関する会計基準や適用指針はないため，評価に織り込める条件の幅が異なります。しかしながら同じオプション評価の指針として，ストック・オプションの

評価方法は十分参考になる指針であり，採用数値の見積り方法には重なる部分があります。第三者割当新株予約権評価とストック・オプション評価の違いは，新株予約権評価には，評価に織り込める基礎数値に制限がないことにあります。ストック・オプションの評価には，会計処理のためという目的に沿った会計基準に定められた一定の制限のもと，一貫した評価を行う必要がありますが，第三者割当新株予約権の評価においては，会計基準に記された指針はなく，制限もないことから，客観的に数値が観察可能であれば，評価に織り込めるものは積極的に取り入れることが可能です。

　なお，事前相談については，上記のような評価の前提を置いていることを関係者にも伝え，想定に違和感はないか，無理な行動を前提としていないかを検討してもらい，妥当な前提か否かを判断してもらう必要があります。ここでいう関係者とは，第2章で紹介した「説明が必要な相手先」でありこの関係者に対して，適宜説明することとなります。

3 ■ 直近の第三者割当新株予約権の増加傾向

（1）　第三者割当新株予約権の件数

　近年，第三者割当による新株予約権により資金調達を行う事例が増加しています。特に最近の傾向として，成長企業が新株予約権設計の自由度に着目し，その成長ストーリーや業務資本提携に合わせた条件設定を行う事例が増加し始めています。資金調達目的の新株予約権は，年々投資家（主に金融機関）による提案内容が多様化しており，企業の選択肢が増しています。

　以下では，その背景とこのような新株予約権に設定される主な諸条件を解説するとともに，発行の検討において最も重要となる新株予約権の価格がどのように設定されるか，すなわち，新株予約権の評価実務におけるポイントと留意点について説明します。加えて，発行目的と条件設定を合致させた特徴的な事

図表 7 − 1　第三者割当新株予約権の件数

（調査2008年 1 月 1 日〜2019年 8 月21日まで）

発行年	新株予約権	新株予約権付社債	総数
2008	57	19	76
2009	67	22	89
2010	47	13	60
2011	32	4	36
2012	34	11	45
2013	58	8	66
2014	65	10	75
2015	61	9	70
2016	72	9	81
2017	78	12	90
2018	125	13	138
2019	49	11	60

例を紹介します。

（2）　発行件数が減少から増加に転じた背景

　第三者割当による新株予約権の活用は，2002年施行の改正商法により新株予約権の規定が整備されたことにより始まり，有利発行でなければ設計の自由度の高い新株予約権の発行が取締役会決議のみで可能であったことから，以後発行件数は増加傾向にありました。

　その後，一躍注目を集めたものとして，2005年にライブドアがニッポン放送を買収しようとした際に，MSCB（行使価額修正条項付新株予約権付社債）800億円をリーマン・ブラザーズに対し割り当てることにより資金調達を行った事案があります。

（3） 成長企業による活用事例

　最後に，新株予約権発行の目的とその発行条件の整合性が非常に明瞭であった事案を2例紹介します。

①　株式会社じげん（2016年7月5日公表）

> 　当社では先立つ同年5月に中期経営計画を公表し，戦略の方向性を明示した上で，営業利益率，営業利益年率成長率，ROEをいずれも25％以上とする経営計画目標「トリプル25」を掲げていました。発行された新株予約権は3つの回号に分けられ，1つ目は発行決議日の株価と同額に設定され，2つ目と3つ目は，発行決議日から遡って過去1か月の終値平均値に対して，27％と211％のプレミアムを乗せた水準が設定され，MS型とされました。各新株予約権は，前会計年度で「トリプル25」が達成され，かつ，下限行使価額を株価が上回らなければ権利行使できない仕組みとなっており，会社の計画に基づく段階的な成長と，それに合わせた資金調達が順次行われる設計とされました。また，その資金使途は厳格に制限され，調達資金は信託口座で保管され，開示資料に明示された資金使途であるM&A及び資本業務提携以外には使うことができない仕組みとなっています。

②　ブックオフコーポレーション株式会社（2014年4月24日公表）

> 　ヤフー株式会社との資本業務提携においてヤフーに対して新株式と新株予約権付社債が組み合わせで発行されました。両社では，相互に展開するWebと実店舗でのリユース事業の連携を強化し，システムや物流についても設備投資を行うことにより統合していく業務提携が企図されていました。ただし，新株予約権付社債の転換には2段階の業績条件が付されており，まず，発行された新株式によりヤフーの議決権割合は15％となるものの，その後に議決権割合を増加するためには，付された業績条件を達成しなければならないこととなっています。すなわち，一般的に資本提携は株式で行われ，万一，提携事業が想定通りに進行しなかった場合には，提携解消に大きな労力を伴うこととなるところ，この手法により，

資本関係を提携事業の成否を見極めながら深めていくことが可能となる仕組みとなっています。

（4）　評価実務における留意点

　取締役会で決議されて発行される第三者割当新株予約権の評価実務において，最も留意すべき点は，株主に平等に付与するものではなく，一定の第三者にしか付与しないことをきちんと評価に反映する点につきます。

　第三者に有利な条件で付与していた場合，他の株主の保有株式の価値は毀損してしまうこととなります。ある株主はその毀損分を許容できないとして，発行の差止請求を行う可能性もあります。それに対して発行会社としては，特定の第三者に発行するものの，その新株予約権の価値と払込金額の関係は，有利なものではなく，他の株主の価値を毀損しているものではないと納得できる説明を実施または準備しておく必要があります。その材料の１つとして，新株予約権の公正価値（評価）がどのような前提で行われていたかということに焦点が当たることとなります。

　また，一般的には資金調達目的であるため，発行後の権利行使のタイミングをある程度評価に織り込むことが必要であると考えられます。つまり割当先は割り当てられてから満期日までじっと株価が値上がりするのを待つのではなく，権利行使期間中に随時権利行使を行い，発行会社に資金を注入する役割を担っているということを評価に反映することとなります。そのため，従業員向けのストック・オプションを会計処理のために評価する際に用いられるブラック・ショールズ式に基礎数値を代入してオプション価値を算出する方法は一般的には適しておらず，割当先・発行会社それぞれの割当日後の経済合理的かつ発行目的に沿った行動を仮定して評価することが実態に即しており，そのような評価が最近の評価実務では求められています。

　ここで，新株予約権発行後の割当日から満期日までの行動を，完璧に予測して評価に反映させることは不可能であることは認識しつつ，評価上はあくまで

も一般的な経済合理的な行動をとるものとして，発行会社と割当先とで結ぶ契約書の範囲内での行動の制限，個別株式の流動性を考慮した行使行動，等を考慮した評価をせざるを得ないこと，また，その仮定の通りに行動しなければならないものではないことにも留意すべきと考えられます。もちろん，想定もしていない行動を前提にした評価を行ったりすると，なぜその想定を置いたのかの説明ができず，仮に差止請求を受けた場合，発行会社としても反論材料がないまま，おかしな評価を行っているとして差し止められてしまう可能性があるため，一定程度合理性・蓋然性のある想定行動を前提とすることが必要となります。

また，当該想定行動については，一般的にはプレスリリースにも記載され，さらに決議の際にも監査役，弁護士等から適法に決議が行われている旨の意見をもらう際に確認される内容であることから，発行の目的，想定する資金調達計画，資金使途計画，発行条件の整合性に関して齟齬がない前提であることが求められます。

設例⑤　第三者割当新株予約権（ワラント）について

- 前提株価＝1,000円
- 行使価格＝1,000円
- 満期までの期間＝5年
- 配当率＝0％
- 無リスクレート＝0％
- ボラティリティ＝50％
- 発行予定株式数＝100,000株（1個100株）
- 売買出来高＝100株/日
- 取得条項＝有り
- 取得請求権＝無し

　プレーンなオプションとして計算する場合は，ブラック・ショールズ式等に代入して，約420円/株（42,000円/個）が結果として得られます。
　しかしながら，前述のように，割当先の行使行動を想定した評価を実施する場合，

　1株当たりの価値だけを算出するのではなく，発行予定株式数全体の権利行使後の価値総額を算出してから1個あたり，1株あたりの新株予約権の価値を計算する必要があります。つまり，割り当てられてからすぐに権利行使する新株予約権もあれば，5年後に権利行使される新株予約権もあり，それぞれの行使までの期間は全く異なり，その分株価の値上がりによるキャピタルゲインも異なることとなります。ブラック・ショールズ式では，このような行使個数の調整項目は反映できないため，一般的にはモンテカルロ・シミュレーションで評価することとなります。

　モンテカルロ・シミュレーションにおいて，通常のプレーンな新株予約権では，満期日において株価が権利行使価格を超えていれば，権利行使がなされるものとして，満期日時点の株価マイナス権利行使価格分のキャッシュ・フローの現在価値を，得られるキャピタルゲインとして認識すればよいところ，第三者割当新株予約権の評価においては，割当日後株価が権利行使価格を上回った場合，発行会社の資金調達を促進することとなるため，随時新株予約権を権利行使していく想定となり，満期日ではなく，各時点の株価と権利行使価格との差額をキャッシュ・フローとすることとなります。

　さらに，ブラック・ショールズ式では，完全市場を前提として流動性は考慮する必要がなかったところ，個別銘柄の株式かつ資金調達目的である程度大きな規模の数量を発行することから，権利行使を行う数量も市場の売買出来高等を考慮せざるを得ない状況となります。つまり，株価が権利行使価格を上回ったからと言って，すぐにすべての新株予約権を一度に権利行使するのではなく，発行株式数と残存する行使期間に応じた権利行使行動を想定した評価を行う必要があります。

　本設例では，期間5年間の間に，100,000株を権利行使することとなるため，単純に営業日で割り算すると，1日あたり80株（＝100,000÷5年÷250営業日）ずつ権利行使する計算となりますが，一方で株価は日々値動きがあり，権利行使価格を下回る日も存在することもあります。そのため，思うように権利行使ができない場合に備え，もっと早めに多くの権利行使を行うことを，発行会社も割当先も想定することとなります。そこで，本設例では，そのような状況も踏まえ，約200株/日ずつ（新株予約権2個ずつ）権利行使を行うという仮定を置いて計算します。

　また，取得条項については，発行会社が新株予約権をキャンセルできる権利であるところ，通常資金調達目的で発行する新株予約権をすぐに取得することはせず，新たな資金調達手法選択のために実施するなど，一定程度株価が上回った場合に発動することに蓋然性があると考えられます。ここでは，その水準を発行時点の株価の200%と仮定します。つまり，株価が2倍（2,000円）となった場合には，それまで権利行使価格1,000円であった新株予約権を継続して発行しているよりも，一度取得して新たにその時点の株式時価（2,000円）を前提とした新株予約権（権利行使価

格が2,000円)を発行することの方が，少ない株式数でより多くの資金調達が可能となるため，発行会社ひいては株主の希薄化も抑えられることとなり，取得条項発動には一定の合理性があると考えられます。

　この前提で計算しますと，評価額は約10,000円/個(100円/株)程度となり，プレーンで計算した結果である約42,000円/個（420円/株）と比較すると，早期に権利行使すること，流動性を考慮したこと等で新株予約権の価値が低くなっていることが確認できます。

第8章

第三者割当新株予約権付社債

1 新株予約権付社債とは

(1) 新株予約権付社債の種類

① 新株予約権付社債とは

　新株予約権付社債（CB：Convertible Bond）とは，普通社債の金利に代わって，新株予約権をセットにした有価証券であり，一般的には，「転換社債型新株予約権付社債」と呼ばれています。株価が上昇すれば，新株予約権部分を行使して，株式を保有・売却することができ，株価が下落局面でも，元本償還プラス利息が戻ってくることから，社債と新株予約権の両方のメリットを享受できるスキームとして，資金調達の手法として選択されています。

② 転換価格の決定方法

■固定型

　第三者割当新株予約権と同様，転換価格が発行決議日時点で決定され，満期日まで変動がない新株予約権付社債は固定型と呼ばれています。

■MS型

　転換価格が日々，あるいは一定頻度で株価の90%に修正されるような修正条

項付きの新株予約権付社債は MS（ムービングストライク）型 CB と呼ばれています。悪名高い MSCB ですが，適切な条件と運用のもとでは，資金調達はすぐに実施でき，かつ，株式への転換も進みやすいスキームであることから，使い勝手の良いスキームであるとも言われています。

（2） CB のメリット・デメリット

① メリット

　発行会社にとっては，社債の元本部分は，通常の借入れや社債発行と同様に行われるので資金調達は即時に行われるため，最初から資金を得ることが可能である点が，新株予約権とは異なります。新株予約権のように投資家の権利行使を待つことなく資金調達が可能なため，資金が緊急で必要な会社が選択しやすい手法と考えられます。

② デメリット

　一方で負債としての認識がなされるため，CB に利息が付されている場合など，利息の支払義務が発生する可能性があります。MSCB では，株価が下落した場合には発行される株式数が多くなる可能性があり，既存株主の持株比率が希薄化する可能性があります。希薄化の最大値を踏まえながら，発行条件を検討することが必要となると考えられています。

2 ■ 新株予約権付社債の評価方法

（1） 一般論

　転換社債型新株予約権付社債の公正価値の評価は，基本的には第三者割当新株予約権を評価する方法と同様と考えられます。社債に付された新株予約権部分の価値がいくらになるのかを，オプション・プライシングモデルで算出する

ことにより新株予約権部分の価値を算定します。

　新株予約権と異なる部分としては，キャッシュ・フローの流れが，発行時に社債額面を付与対象者は払い込んでいるため，普通株式に転換した場合は，権利行使価格との差額という計算ではなく，普通株式の株式数の時価が，その時点で得られるキャッシュ・フローという計算になる点です。

　また，重要なパラメータとして，割引率について推計する点も異なります。

　なお，CBの価値を検討する場合，①CBをSB（普通社債）部分とオプション（新株予約権）部分に分けて算出する方法，または，②分けずに一体型として算出する方法と，大きく分けて2通りの考え方があります。

①　普通社債と新株予約権に分離して算出する方法

　分離して評価する場合には，普通社債（SB：Straight Bond）部分の価値は，額面に，満期日における割引率に応じた現価係数を乗じることで算出でき，オプション部分は，ブラック・ショールズ式やモンテカルロ・シミュレーションによって新株予約権として別途算出します。

　しかしながら，厳密に考えると，CBのオプション部分を権利行使（転換）した場合，SB部分の額面が減少することとなり，満期日に得られる額面は発行価格満額ではないことがわかります。分離して評価をしてしまうと，途中の転換による額面総額の減少による将来のSB部分の価値の計算ができない点に留意が必要です。

②　一体型として算出する方法

　最近では，一体型で計算した結果のみで，有利発行か否かを取締役会で判断されるケースが増えてきています。一体型であれば，社債部分と新株予約権部分を同時に評価することから，①のような，額面の減少も評価に適切に織り込むことが可能です。

　しかしながら，会社法上の論点として，有利発行か否かの判断は，CB全体ではなく，新株予約権部分に限定されて有利発行か否かが争われるという点に留

意する必要があります。つまり，一体型で評価していても新株予約権部分のみを抜き出すと有利発行であったと判断される可能性があることから，発行会社やリーガルアドバイザーは，評価上の論点と会社法上の論点のズレを認識したうえで，どちらの方法で計算するかを検討する必要があると考えられています。

③　評価に織り込む要素

評価に織り込む要素としては，ストック・オプションや新株予約権評価と同様の基礎数値を基に，CB に付された，発行会社および社債保有者の権利条項，クーポン（利息）を考慮することとなります。新株予約権と異なる点は，CB にはクーポンが付されている場合があるため，転換（新株予約権の権利行使）の判断に，クーポンの額が影響する点です。

具体的な例をあげると，新株予約権の場合，権利行使期間の満期日前日において株価が権利行使価格を上回っている場合に権利行使を行い，（株価－権利行使価格）のキャピタルゲインをとることが最良の選択と考えられます。一方 CB の場合，仮に満期日まで保有することにより得られるクーポンの額が，（株価－転換価格）よりも高い場合，転換を行わず，満期日まで保有していたほうがより多くの利益が得られる計算になります。クーポンがあることにより，社債保有者の転換行動が，通常の新株予約権とは異なることとなります。

この前提は権利行使期間の期中にも同様に考えることができ，満期日まで保有していた場合に得られるクーポンよりも，現在の株価と転換価格との差が大きくなければ，たとえ株価が転換価格を超えていたとしても転換を行わないほうがより多く利益が得られる計算になることに留意しつつ，転換行動を考慮する必要があります。

また，当該クーポンが，発行会社の状況に鑑み適切に設定されているかを判断するための割引率が，評価の重要なファクターとなります。

（2）　上場会社の事例解説にみる有利発行の判定

オートバックスセブン事件で東京地方裁判所が申立てを却下した事例では，

評価が争点となりました。以下にそのポイントを記載します。

　事件の概要としては，発行を決議した CB が有利発行であったと，既存株主から差止請求を受けたことから，裁判が始まります。発行証券自体は，新株予約権付社債でしたが，有利発行か否かの争点は，新株予約権部分に限定されて争われることとなりました。そのため，裁判上は，社債の元本部分の現在価値分は除いて，新株予約権部分だけの計算をすることとなりました。新株予約権の評価ロジックについてまで争われた日本初の事案であり，新株予約権の評価に流動性の影響を織り込んだ評価が認められた初の事例となります。

　評価のポイントをまとめると，①採用基礎数値，②発行会社に付されたコール・オプション条項による繰上償還条項の行使のタイミング，③転換のタイミング，④有利発行性の争点，が挙げられます。

①　採用基礎数値

　採用基礎数値としては，ストック・オプションと同様と考えられます。株価については，取締役会で募集事項を決定する日の前日の終値を採用することが一般的です。

　ストック・オプションの評価においては，割当日の株価終値を採用することが会計基準に定められていますが，資金調達目的の新株予約権や，転換社債型新株予約権付社債の場合，割当日前に募集事項を決定する時点で発行価格を決定する必要があるため，前提株価を設定する必要があり，その多くは取締役会決議前の直近の終値を参照しています。

　予想残存期間については，ストック・オプションと異なり，中間点という概念は採用する必要はなく，権利行使可能期間の満期までの期間を見積もることが一般的です。また，ボラティリティに関しても，通常，CB の満期日までの期間を，募集事項決定時点から折り返して観察する方法が一般的です。これは，過去の裁判事例においても，不適切，不合理な方法ではないという判決が出ています。

② 発行会社に付されたコール・オプション条項による繰上償還条項の行使のタイミング

　裁判でも争点になりましたが，コール・オプションの権利行使のタイミングは評価上も非常に重要な要素になります。裁判事例では，償還価格は発行価格の106％と設定されていたため，少なくとも発行時点では，発行後すぐにコールを行うことはないものと考えられます（額面100％しか資金調達していない時点で額面の106％の支出をする合理的な理由は，発行時点ではないものと考えられます）が，その後，株価がどのような状況になった場合にコールの権利を行使するかを，想定する必要があります。

　CBの評価においては，株価が一定程度上昇した場合は，他の有利な資金調達の選択幅が広がるものと考えられ，その時点では転換価格が低く，発行会社にとっては不利な条件であるCBは償還されるものと想定して，評価されています。

③ 転換のタイミング

　転換価格が固定されているため，株価が転換価格を超えている場合，転換するものと考えられます。しかしながら，発行規模が大きいため，株価が転換価格を超えてすぐに全額転換しても，投資家は大量の普通株式を保有することになり，すべてを一度に売却することは，市場に多大な影響を及ぼすことが予想されます。そのため，割当先は，転換という行動は選択するものの，全額ではなく，転換・売却可能な範囲で最大限転換を行うものと考えられます。

　転換可能な範囲とは，市場への影響が少ないと考えられる範囲であり，本件裁判においては，1日当たりの平均売買出来高等を考慮し，売却する普通株式の数が過多にならないよう行動する際の転換株式数としています。

　投資家側の行動については，あくまで自由裁量という設定が多いことから，一般的に経済合理的と考えられる行動を想定することが必要となります。

④　有利発行性の争点

　過去の裁判では，あくまで新株予約権部分の価値が有利発行か否かが争点とされました。会社法でも，有利発行の規定は新株予約権部分についてのみ規定されています。そのため，評価においては，金利部分のみを取り出して評価が行われました。比較要素を簡潔に挙げると，(a)普通社債で調達する場合の調達金利×発行価格×年数分の価値と，(b)新株予約権部分の価値をそれぞれ算出し，(a)＞(b)の関係ならば有利発行ではない，(a)＜(b)の度合いが著しい場合は有利発行となります。

　(a)については，割引率を求めることと同義ですが，普通社債の調達金利に，一定の劣後スプレッド（劣後条件がある場合）を加味し，配当であるクーポンの利率を差し引いた値で計算されます。

　一方，(b)の新株予約権部分の価値は，新株予約権部分の価値総額を計算しています。ここで，割引率という，転換社債型新株予約権の評価には，新株予約権の評価にはなかった新しい要素として，社債部分を現在価値に割り引くための，割引率というパラメータが必要となります。

　CBの割引率については，発行会社および対象となるCBの商品性によりリスクが異なるため，個別に推計する必要があります。推計の方法として一般的なものは，発行会社が普通社債で調達可能な利率から，証券の持つ普通社債との劣後性を考慮し，適正なスプレッドを加算するという方法です。

　割引率は投資家が発行会社への投資にあたって期待するリターンであるため，推計方法としては，金利や，対象会社の状況，対象証券の発行条件等を考慮する必要があります。一般的な方法である金利から推計するには，以下の方法が考えられます。

●ベース金利：CBの満期までの期間の国債のレートを参考とする。
●対象会社の状況：発行会社固有のリスクとして，CDS（クレジットデフォルトスワップ）のレート等を参考とする。

- **対象証券の発行条件**：CB は普通社債と比較し，劣後する関係にある等の場合，元本が返還されないリスクが高くなり，その劣後性による追加のスプレッドも考慮することができる。また，発行金額の多寡や，満期までの期間によってもリスクは異なる。
- 上記の合計値を，CB の割引率と推計する。

上記の裁判事例の概要と判決をまとめると，以下のようになります。

- 基礎数値の見積り方はストック・オプション会計基準に基づいて算出した値で不合理ではない。満期までの期間は償還までの期間で観察する。
- 評価方法として，ブラック・ショールズ式や二項モデルではなく，モンテカルロ・シミュレーションを用いても不合理ではない。
- CB を評価する際に，完全市場を前提として評価ではなく，市場の流動性を考慮した発行会社および付与対象者の行動に一定の前提を置いて評価を行うことは不合理ではない。
- CB の割引率を，通常発行会社が現時点において普通社債を発行した場合における必要調達金利から一定の調整を加えて推計することは不合理ではない。

3 その他の検討事項

前述の訴訟事案以外に，上場会社の新株予約権付社債の発行において評価上争点となった事項は，流動性に関するものが挙げられます。

投資家が権利行使を行った後，得られた普通株式を売却する際には，当然，該当銘柄の市場の流動性・売買出来高の潤沢さが売却のしやすさを左右し，キャッシュ・フローに影響を与えるものと考えられます。1株だけを売却するのであれば市場の流動性に関係なく売却することは容易と考えられますが，資金調達という場面では，大量の株式を保有することとなるため，売却の際にも売り注文が殺到することによる値下り要因等，流動性がキャッシュ・フローに影響します。当該事象は，当然新株予約権部分の公正価値にも影響を与えるも

のと考えられます。

　極端な例ですが，仮に，日々の出来高が1,000株程度の流動性の銘柄の新株予約権を１株だけ発行する場合と，100万株分の新株予約権を発行する場合，付与対象者である投資家としては，１株だけであれば日々の流動性の中で売却することは容易と考えられますが，一方で100万株もの規模となると，少しずつ権利行使・売却をするものとしても数年単位で売却に時間を要することとなります。

　流動性を考慮する場合には，発行会社の日々の出来高，ボラティリティ，発行株式数，投資家の売却行動などを要素として検討する必要があると考えられています。

　なお，この株式の流動性をどのように評価に織り込むかは，考慮方法が多数存在するものと考えられており，発行スキーム，発行の目的，発行会社の状況，対象銘柄のマーケット状況を総合的に考慮し，適切に反映することが求められます。さらに，「マーケット・インパクトを新株予約権の評価に織り込むことは適切ではない」とする主張は，裁判事例では否定されており，「流動性の影響を考慮すること自体は不合理であるということはできない」と判決が出ているとおり，流動性による評価額の減少要素を考慮すること自体は，判例として認められています。

設例⑥　第三者割当新株予約権付社債（CB）について

- 前提株価＝1,000円
- 行使価格＝1,000円
- 満期までの期間＝５年
- 配当率＝０％
- 無リスクレート＝０％
- ボラティリティ＝50％
- 発行予定株式数＝100,000株（１個100株）
- 売買出来高＝100株/日
- 取得条項＝有り
- 取得請求権＝無し

- 社債額面総額＝100,000,000円
- 各社債額面＝100,000円/個
- 新株予約権付社債個数＝1,000個
- 社債利率＝0.5％（年1回　500,000円/年）
- 割引率＝3％

　プレーンなオプションとして計算する場合は，ブラック・ショールズ式等に代入して，約420円/株（42,000円/個）が結果として得られます。
　しかしながら，これまで述べてきた第三者割当新株予約権の評価のように，割当先の行使行動を想定した評価を実施する場合，1株当たりの価値だけを算出するのではなく，発行予定株式数全体の権利行使後の価値総額を算出してから新株予約権付社債1個あたり，1株あたりの価値を計算する必要があります。つまり，割り当てられてからすぐに普通株式に転換（権利行使）するCBもあれば，5年後に転換されるCBもあり，それぞれの転換までの期間は全く異なり，その分株価の値上がりによるキャピタルゲインも異なることとなります。ブラック・ショールズ式では，このような転換個数の調整項目は反映できないため，一般的にはモンテカルロ・シミュレーションで評価することとなります。
　モンテカルロ・シミュレーションにおいて，通常のプレーンな新株予約権では，満期日において株価が権利行使価格を超えていれば，権利行使がなされるものとして，満期日時点の株価マイナス権利行使価格分のキャッシュ・フローの現在価値を，得られるキャピタルゲインとして認識すればよいところ，CBの評価においては，割当日後株価が転換価格を上回った場合，随時転換していく想定となり，満期日ではなく各時点の株価×得られる株式数が，キャッシュ・フローとすることとなります。なお，新株予約権と異なり，発行時に発行会社は資金調達が終了している点が，CBを発行する発行会社側のメリットと考えられます。割当先側としても，普通株式での投資に比べ，債権としての権利も有していることから，株価下落リスクにも対応できるメリットがあると考えられます。また，転換のタイミングについても，仮に，明日CBの利息が受け取れる状況であるにもかかわらず，株価が転換価格を1円だけ上回っているからといって普通株式に転換を行うかというと，経済合理性を選択するのであれば，CBに設定されている利率1％分の利息を受け取る選択をするものと考えられることから，割当先側の行動も，新株予約権とは異なる要素を考慮することが必要となります。
　さらには，第三者割当新株予約権と同様，個別銘柄の株式かつ資金調達目的である程度大きな規模の数量を発行することから，転換を行う数量も市場の売買出来高等を考慮せざるを得ない状況となります。つまり，株価が転換価格を上回ったからといって，すぐにすべて転換するのではなく，発行株式数と残存する行使期間に応じた転換行動を想定した評価を行う必要があります。

　本設例では，期間5年間の間に，100,000株を転換することとなるため，単純に営業日で割り算すると，1日あたり80株（＝100,000÷5年÷250営業日）ずつ権利行使する計算となりますが，一方で株価は日々値動きがあり，転換価格を下回る日も存在することもあります。そのため，思うように転換ができない場合に備え，もっと早めに多くの権利行使を行うことを，発行会社も割当先も想定することとなります。そこで，本設例では，そのような状況も踏まえ，約200株/日ずつ（新株予約権付社債2個ずつ）転換を行うという仮定を置いて計算します。

　また，取得条項については，発行会社が新株予約権付社債をキャンセルできる権利であるところ，通常資金調達目的で発行する新株予約権付社債をすぐに取得することはせず（新株予約権と異なり，発行額面総額を変換する必要があるため，一般的には実施は困難と考えられます），新たな資金調達手法選択のために実施するなど，一定程度株価が上回った場合に発動することに蓋然性があると考えられます。ここでは，その水準を発行時点の株価の200％と仮定します。つまり，株価が2倍（2,000円）となった場合には，それまで転換価格1,000円であった新株予約権付社債を継続して発行しているよりも，一度取得して新たにその時点の株式時価（2,000円）を前提としたCB（転換価格が2,000円）を発行することの方が，少ない株式数でより多くの資金調達が可能となるため，発行会社ひいては株主の希薄化も抑えられることとなり，取得条項発動には一定の合理性があると考えられます。一方，割当先側としても，0.5％の利息を受け取るよりも，株価が上昇している場合には，転換することのメリットが大きいため，取得条項発動手前で，随時転換していくという想定を置くことには一定の蓋然性があると考えられます。

　なお，新株予約権の評価と，大きく異なるパラメータが割引率です。割引率は前述の通り，有利発行か否かを判断する重要な指標となります。CBの割引率は，一般的には発行総額と同規模の調達における発行会社の借入金利または普通社債の利率を参考にします。割引率3％，社債利率0.5％，期間5年後の満期日に元本100％が償還されると仮定しますと，現在価値は約88.6％となります。

（単位：円）

	1年後	2年後	3年後	4年後	5年後
社債利息	500,000	500,000	500,000	500,000	500,000
現価係数	0.9709	0.9426	0.9151	0.8885	0.8626
社債利息現在価値	485,437	471,298	457,571	444,244	431,304
社債元本現在価値					86,260,878
社債現在価値合計	88,550,732				

　CBの価値を単純に計算する場合には，社債部分の価値，約88.6%に新株予約権部分の価値を加算してCB全体の価値とする計算方法があります。プレーンなオプションとして計算した結果は420円/株，前述の第三者割当新株予約権のように計算した結果は100円/株となった場合，それぞれの評価額は，130,550,732円（約130.55%）および98,550,732円（約98.55%）となります。有利発行か否かの判断基準としては，元本100%に対しての乖離度合い（厳密には新株予約権部分のみの価格）で判断されることとなります。評価結果が98.55%のように100%より低い場合には，数値的には新株予約権の価値が，本来社債に付されるべき利息額よりも低いことから，有利発行とはみなされないこととなります。

　なお，厳密には，割当先の転換が進む場合，元本が徐々に減少していくことから，社債利息や満期日の償還額も減少していくこととなります。そのため，上記のように社債価値と新株予約権価値をバラバラに計算して合計した値は，一体とみなして計算した値よりも大きくなることとなります。

第9章

上場会社のファイナンスで用いられる第三者割当種類株式

1 種類株式とは

(1) 定 義

　種類株式とは，会社法第2条13号において「株式会社が，剰余金の配当その他の権利内容が異なる2種類以上の株式を発行した場合，その各株式」と定義され，剰余金の配当に関する請求権，残余財産分配請求権，議決権といった会社法第108条第1項各号に掲げる権利の内容について，内容の異なる株式のことを言います。

　具体的には，第1号〜第9号に記載のある剰余金の配当(第1号)，残余財産の分配（第2号），議決権制限株式（第3号），譲渡制限株式（第4号），取得請求権付株式（第5号），取得条項付株式（第6号），全部取得条項付種類株式（第7号），拒否権付種類株式（第8号），役員選任権付種類株式（第9号）の9つで規定された株式です。各種類株式の説明は以下のとおりです。

図表9−1

項　目	内　容
剰余金の配当 （会社法108条1項1号）	剰余金の配当について，優先（劣後）的に受ける権利を有する株式

残余財産の分配 （会社法108条 1 項 2 号）	会社清算時の残余財産の分配について，優先（劣後）的に分配を受ける権利を有する株式
議決権制限株式 （会社法108条 1 項 3 号）	議決権を行使できる事項について内容の異なる株式
譲渡制限株式 （会社法108条 1 項 4 号）	譲渡による取得株式の取得について発行会社の承認を要する株式
取得請求権付株式 （会社法108条 1 項 5 号）	株主がその株式について発行会社に取得を請求できる株式
取得条項付株式 （会社法 2 条19号，会社法108条 1 項6 号）	会社が一定の事由が生じたことを条件としてその株式を取得することができる株式
全部取得条項付種類株式 （会社法108条 1 項 7 号）	当該種類の株式について，発行会社がその株主総会特別決議で全部を取得する事を規定する株式
拒否権付種類株式 （会社法108条 1 項 8 号）	株主の利益に重大な影響を与えるような重要事項について，その株主の同意を要する事を規定する株式
役員選任権付種類株式 （会社法108条 1 項 9 号）	取締役または監査役を指名する権利を有する株式

　また，上記のほかにも，会社法で規定されていませんが，類似の効果をもたらす契約等もあります。投資家サイドが投資に際して求める権利として，株主の権利として定款もしくは株主間契約で規定することが認められている内容までも含めて「種類株式」と呼ぶ研究報告（日本公認会計士協会経営研究調査会研究報告第53号「種類株式の評価事例」）もあります。本章ではこれらを「広義の種類株式」とします。類似の効果をもたらす主な権利は以下のとおりとなると考えられます。

図表9－2

項　目	内　容
オブザーバー条項	取締役会等重要会議への同席ができる権利
経営情報の開示	会社法で株主に開示される計算書類，少数株主権である会計帳簿閲覧に限らず，会社に対して一定の内部情報の開示を求めることのできる権利
先買権 （rights of first refusal）	創業者等を含めた他の株主がその株式を譲渡することを申し入れた場合には，投資家自らが買い取ることを選択できる権利
共同売却権 （co-sale rights）	創業者等が株式を第三者に売却しようとする場合，株式の売却先に対し，投資家も一定数の株式を同一の条件で売却できる権利
ドラッグ・アロング・ライト （drag-along rights）	投資家が第三者に株式を譲渡することを望む場合に，創業者等の持株を同一の条件で当該第三者に対して譲渡しなければならないことを請求できる権利
希薄化防止条項 （anti-dilution）	投資家が払い込んだ際の1株当たりの投資額より低い価額で株式が発行される局面において，投資家が保有する種類株式の価値を一定に維持するために規定する権利
みなし清算条項 （deemed liquidation）	合併，株式交換等，支配権の移動に伴って取得された対価を残余財産とみなし，優先的に残余財産分配を受ける権利を有する者に，優先順位に従って分配する処理を認める権利

出所：日本公認会計士協会資料等を基にプルータス・コンサルティング作成

（2）　種　類

　議決権の有無や数について異なる内容を定めた種類株式，すなわち議決権種類株式は大きく2つに分けられます。

①　議決権制限株式

　1つは，株主総会決議事項の全部または一部について議決権を制限する内容の株式であり，会社法上「議決権制限株式」と定義されるものです。

　なお，東証の有価証券上場規程等では「無議決権株式」という別の定義が置かれていますが，これは，国内会社の株式のうち，取締役の選解任その他の重要な事項について株主総会における議決権が制限されている株式のことをいいます。

②　複数議決権方式による種類株式

　もう1つの類型は，議決権の数について差を設けた複数の種類株式を発行するというもので，複数議決権方式と呼ばれることがあります。

　日本の会社法上は，1株につき1議決権（単元株制度を採用した場合には1単元につき1議決権）の原則があるため，1株または1単元当たりの議決権数を1以外にすることはできません。しかし，1単元当たりの株式数が異なる複数の種類の株式を発行することで，同じ株式数当たりの議決権数に差を設けることができます。

　例えば，A種株式については1単元当たりの株式数が100株，B種株式については1単元当たりの株式数が10株，と定めた場合，100株当たりの議決権数はA種株式の場合1議決権，B種株式の場合10議決権となります。

2　上場会社の種類株式の活用場面

　上場会社の種類株式の活用事例は**図表9-3**のとおりです。

図表 9 － 3　上場会社の種類株式の活用事例

①伊藤園	議決権がない代わりに，配当が普通株式に比べて優遇されている，普通配当額×125%，累積
②国際石油開発	黄金株とは，株主総会または取締役会において決議すべき事項のうち，その決議のほか，その種類株式の株主を構成員とする種類株主総会の決議があることを必要とするものを定めることができる当該種類株式（108条 1 項 8 号，323条）。 （会社創業者などが少数の持株比率により会社の重要事項に係る意思決定に関与することを通じて会社支配を維持するために利用することや，また，経営統合や取締役の選解任などについて拒否権を持つように設計しこれを友好的企業に対して発行することによって敵対的買収防衛策に利用することも可能） わが国において上場会社により発行された唯一の黄金株の実例は，国際石油開発株式会社が発行した甲種類株式です。 （小泉政権の特殊法人民営化政策の一環として同社が上場する際に，国策会社としての性格上，外資による経営支配や投機目的による敵対的買収等に対抗するため，政府等が拒否権を通じてコントロールを保持しうるよう，旧石油公団に対して発行されたという特殊な背景があります）
③CYBERDYNE	CYBERDYNE 社の B 種類株式の内容は，同社の定款には，1 単元の株式数を100株とする普通株式とは別に，1 単元の株式数を10株とする B 種類株式を発行することができると定められています。
④トヨタ自動車	5 年間は売却できない一方，5 年後以降に元本での買戻しを発行会社に請求できる権利があり，実質的に元本保証がなされています。 配当金額が，発行価格の0.5%から 5 年間毎年0.5%ずつ増加し2.5%を上限，累積，非参加
⑤日本板硝子	配当金額が，発行価格の4.5%から 3 年間毎年 1 %ずつ増加し6.5%を上限，累積，非参加
⑥星野リゾート	優先配当年率6.5%，累積，非参加
⑦シャープ	配当，残余財産の分配額および普通株式を対価とする取得

	請求権 いずれも，普通株式の100株分
⑧ダイヤモンド電機 （DBJ引き受け）	優先配当年率7.1%，累積，非参加 発行後5年後，金銭を対価とする取得請求権

3 種類株式の評価方法

（1） 評価の考え方

　種類株式の価値は，当該種類株式保有者が受け取るキャッシュ・フローの金額を見積もり，割引計算を行った現在価値をもって評価することが一般的です。実務では，種類株式の権利の中からキャッシュ・フローに直接的に影響を与えるような内容や条件に着目して，当該種類株式保有者が受け取るキャッシュ・フローの金額を直接見積もる場合と，株主価値全体から，優先する順番に割り当てていくことによって価値を配分する場合に大別されます。本章では，主に前者について説明し，後者については第10章で説明します。

（2） 種類株式の評価方法の検討

　種類株式の価値は，当該株式保有者が受け取るキャッシュ・フローの金額を見積もり，割引計算を行った現在価値をもって評価するDCF法が一般的です。また，普通株式との権利の違いに着目し，その経済的価値を普通株式の価値に加算した値を種類株式の価値として評価する手法もあります。

　種類株式には，前述のとおり様々な内容を付すことができますが，一方で定量的に価値を測定することが困難な権利も多くあります。いわゆる「経済的利益に関する権利」については，比較的定量的評価になじむといえますが，一方で「経営に参加する権利」については，相対的になじみ難いものと考えられます。

　前者の内容としては，配当請求権，残余財産分配請求権，譲渡する権利，各種買取請求権等があり，後者の内容としては，議決権，議案・議題提案権，差止請求権，閲覧・謄写請求権，拒否権，取締役等選・解任権等があります。

　これは，「株式価値」の変動と，「経済的利益に関する権利」は比較的リニアに結び付いていると考えられる一方で，「経営に参加する権利」については，その判断の内容いかんによって，増価する場合も減価する場合も想定し得るからであると考えられています。したがって，「経営に参加する権利」については，「株式価値」とは相対的に中立に考えるのが合理的であるように考えられます。

　実務では，様々な権利の中でもキャッシュ・フローに直接的に影響を与えるような内容や条件に着目して評価を行うことが一般的です。つまり，通常，拒否権や役員選任権などのキャッシュ・フローに与える影響を直接的に把握できない権利については評価上，考慮しません。

　ただし，キャッシュ・フローに直接的に影響を与えると思われる権利であっても，発行企業の状況に応じて，定量的な評価を行うことが困難な場合があります。例えば，剰余金の配当，残余財産の分配に関しては，ベンチャー企業はIPO前に配当を行うことを想定していないこと，解散による清算の手続を想定していないことから，評価には織り込まないことが一般的です。

　また，取得請求権付株式は，自己株式の財源規制を理由として分配可能額の範囲でしか発行企業は取得することができないため，ベンチャー企業に対し現実的に取得請求権を行使することが難しいことから，評価に織り込める範囲は限定的であると考えられています。

　希薄化防止条項は，ダウンラウンド・ファイナンス（投資家が払い込んだ際の払込み価額より低い価額での新規の株式の発行）の際に適用される条項であり，特に未上場企業の場合は複雑なシミュレーションが必要となるため，評価の計算に実務上織り込む例は少ないと言われています。

　なお，みなし清算条項は，主に会社法に規定される種類株式の残余財産優先分配権と同じ効果を解散以外のエグジットの場合にも実質的に確保する目的として用いられています。この条項は様々な種類株式の条件の中でも，最も価値

に織り込みやすく，普通株式との差を説明しやすい条件です。みなし清算条項については，第10章で掘り下げて説明します。

（3）　種類株式の具体的な評価の検討

以下では，下記の4つの観点から，上記の種類株式の実例を絡めて，紹介します。

---

① キャッシュ・フローの説明
② 割引率側の説明，CBとの違い
③ 当事者の行動：発行会社と割当先
④ その他特殊事項の反映方法
　・評価上の想定満期日の設定
　・配当の実現可能性

---

① キャッシュ・フローの説明

前述の転換社債型新株予約権付社債（CB）に類似する種類株式の評価は，CBの評価方法と共通する部分と異なる部分があります。種類株式には，複雑多岐にわたる条件を設定することが可能であり，その条件に応じて評価方法も異なります。しかしながら，基本的には，新株予約権や転換社債型新株予約権付社債を評価する方法と同様と考えられます。

新株予約権と共通する条件が付されていない場合もありますが，基本的にはその種類株式から得られるキャッシュ・フローの期待値を計算することに変わりはありません。また，日本公認会計士協会では，租税調査会研究資料第1号「種類株式の時価評価に関する検討」（2007年10月22日）を，また，企業会計基準委員会からは，「実務対応報告第10号種類株式の貸借対照表価額に関する実務上の取扱い」（2003年3月13日）がそれぞれ公表されており，種類株式の評価の考え方の参考になります。これらの内容としては，評価モデルによる時価評価を原則としています。

② 割引率側の説明，CBとの違い

　種類株式の評価の重要な要素は，CBと同じく割引率です。割引率は，普通社債と普通株式の割引率から推計することが可能です。ベース金利，対象企業固有のスプレッド，劣後性，発行規模による追加リスク等が考慮の対象となります。

　発行予定の種類株式の持つ資本性に注目すると，普通社債よりは劣後し，普通株式よりは優先される条件がほとんどであるため，想定されるリスクは普通社債と普通株式の間にあると考えられます。そのため，直接的に種類株式の割引率を求めるよりも，普通社債の割引率（ROD：Return On Debt）と，普通株式の割引率（ROE：Return on Equity）を観察することで，推計することができると考えられます。

　種類株式の条件が普通社債寄り（普通株式への転換権が付されておらず，配当が支払われるだけのスキーム等の例）の資本性を持っていれば，割引率は普通社債寄りになると考えられ，一方，普通株式寄り（普通株式への転換権が付されており，また一定期間経過後普通株式に強制的に転換される条件が付されている等の例）の発行条件であれば，割引率は，普通株式の割引率に近づくこととなります。

　資本性の目安として，「ハイブリッド証券の資本性評価と格付けの視点」（R&I　2018/6/8）に記載されている，ハイブリッド証券の例と分類，資本性の目安には，下記の表が記載されています。

図表9−4　ハイブリッド証券の例と分類，資本性の目安

	資本性の目安	ハイブリッド証券の例
	0	普通社債
クラスI	10	長期劣後債/優先株 利息/配当累積して繰り延べ可能

クラス2	30	超長期・永久劣後債/優先株 利息/配当累積して繰り延べ可能
クラス3	50	超長期・永久劣後債/優先株（リプレイスメントの規定有）※ 利息/配当累積して繰り延べ可能
クラス4	70	超長期・永久劣後債/優先株（リプレイスメントの規定有） 利息/配当非累積で強制停止
クラス5	90	3年以内強制転換権付優先株。配当非累積で強制停止
	100	普通株式

※コールのインセンティブが発行5年以降10年未満で生じる場合

③ 当事者の行動：発行会社と割当先

　発行会社側の行動として考えられるのは，毎期配当を実施するか否か，普通株式に転換するか，金銭で償還するか等が挙げられます。

　一方の割当先の行動としては，優先配当を受け取り続けるか，普通株式に転換するか，取得請求権を発動して償還するか等が挙げられます。

　つまり，割当先が得られるキャッシュ・フローの候補としては，(1)優先配当，(2)金銭償還，(3)普通株式への転換権の3種類であると考えられます。

④ その他特殊事項の反映方法

　種類株式の評価で検討すべきポイントとは，CBや新株予約権を評価する際のポイントの他に「評価上の想定満期日の設定」と「配当の実現可能性」が挙げられます。

　評価上の想定満期日の設定については，種類株式には，社債のような満期日の設定がされておらず，転換が行われていない場合は永久に種類株式として残り続ける場合があります。そのような状況で評価のシミュレーションを行う場合，期間を無限に設定することは困難であるため，一定の満期日を想定し，そ

れ以後は一定の前提を置いた永続価値を評価に織り込む方法が考えられます。

　また，期間を一定程度長く設定した場合や，評価結果に大幅な誤差が生じなくなったと判断できる場合は，そこまでの期間で区切りをつけることも可能です。期間を20年で評価しても，30年で評価しても，差が0.0数％程度であれば，誤差の範囲と考えることもでき，30年以上の長期間の仮定を置かずとも，評価することが可能と考えられます。

　配当の実現可能性については，種類株式には優先配当の条件設定がされることが一般的ですが，この配当が必ず実現されるかには，一定のリスク（不確実性）があります。そのような状況を評価するため，配当に一定のレンジを持たせるという方法が考えられます。仮に，毎期10％の配当を条件にしている場合でも，実現可能性を考慮しない場合は，そのままの額を配当としてキャッシュ・フローに織り込むこととなります。

　しかしながら，実際の発行会社の事業計画に注目した場合，仮に来期以降2期分は配当可能額が得られないことが明白な場合には，少なくとも2期分は，配当可能額がないものとしてキャッシュ・フローに加算しないことも判断の1つであると考えられます。配当の実施可能性も割引率の推計に影響を与えるものと考えられます。

（4）　種類株式の評価のまとめ

　種類株式の価値は，これまでの新株予約権やCBと同様，発行会社及び割当先が，一定の前提に基づき行動した結果，割当先である種類株式の株主が将来得られるであろうキャッシュ・フローの現在価値の総和と考えられます。

　③の(1)優先配当，(2)金銭償還，(3)普通株式への転換権より得られるキャッシュ・フローを，前述の割引率の考え方に基づき算出した割引率でそれぞれ現在価値に割り引くことで，種類株式の価値が計算できます。

設例⑦　種類株式について

- 前提株価＝1,000円
- 交付価格＝1,000円（普通株式への転換権有り）
- 満期までの期間＝5年（通常は種類株式の満期日は設定されないことが多い）
- 普通株式配当率＝0％
- 無リスクレート＝0％
- ボラティリティ＝50％
- 発行予定株式数＝100,000株（1個100株）
- 売買出来高＝100株/日
- 取得条項＝有り（発行額面で取得可能）
- 取得請求権＝有り（種類株式の額面÷交付価格分の普通株式を発行することを請求可）
- 種類株式額面総額＝100,000,000円
- 種類株式1株あたり額面＝100,000円/株
- 種類株式発行株式数＝1,000株
- 種類株式配当率＝1.5％（種類株式の配当率　年1回　年額：1,500,000円/年）
- 割引率＝5％

　これまで同様，プレーンなオプションとして計算すると普通株式1株分あたりのオプション価値は，約420円/株となります。

　一方，資金調達目的の種類株式の発行では，こちらもこれまでの設例同様，種類株式1株当たりの価値だけを算出するのではなく，発行予定株式数全体の価値総額を算出してから種類株式1株あたりの価値を計算する必要があります。ブラック・ショールズ式では，段階的に普通株式に転換される等の想定行動は反映できないため，一般的にはモンテカルロ・シミュレーションで評価することとなります。

　種類株式は，スキームとしては転換社債型新株予約権付社債（CB）に似ているため，一般的には，割当日後株価が交付価格を上回った場合，随時普通株式に転換していく想定となり，満期日ではなく各時点の株価×発行株式数をキャッシュ・フローとすることとなります。なお，種類株式には一般的には，満期日は設定されていないことから，評価上は満期日を仮置きして評価することとなります。発行会社側の取得条項の発動可能性のタイミングが，1つの仮置きの目安として挙げられます。種類株式発行時には，当該調達資金を用いた事業計画を策定することが一般的で，その計画に沿った場合に，取得可能な現金が溜まる頃に取得条項が発動されれば種類株式はなくなることから，仮置きの満期日が設定できることとなります。ここでは，取得条項発動のタイミングを発行の5年後と想定します。設定した5年間の間

に，割当先は発行会社株式の流動性を考慮しつつ随時普通株式に転換することとなりますが，CBの時と同様，明日配当が受け取れる状況であれば，株価と交付価格を比較して経済合理的な方を選択することも考慮する必要があります。

　本設例では，期間5年間の間に，100,000株の普通株式を取得することとなるため，本設例では，約200株/日ずつ（種類株式2株ずつ）普通株式に転換を行うという仮定を置いて計算します。

　また，取得条項については，前述のとおり発行会社が取得可能な資金が溜まるまでの時期を5年後と仮置き，5年後に種類株式が残存していた場合には，取得するものという前提を置きます。新株予約権やCBを評価した際に置いた前提である発行時株価の2倍を目安に取得条項を発動するという前提も想定することは可能ですが，その場合には想定満期日を別途検討する必要が出てくると考えられます。一方，割当先側としても，1.5%の配当を受け取るよりも，株価が上昇している場合には，転換することのメリットが大きいため，随時転換していくという想定を置くことには一定の蓋然性があると考えられます。

　なお，CBの評価でも考慮した割引率も種類株式評価の際には別途推計が必要となります。CBの割引率は借入金利等から推計しましたが，種類株式はその名の通り株式であるため，負債よりも投資家側のリスクが高いため，より高い割引率が適用されることとなります。仮に，発行会社の借入金利が3%，普通株式のリスクが7%（CAPM理論より算出。簡便的に，無リスクレート＝0%，β値＝1，マーケットリスクプレミアム＝7%とした），種類株式の資本性を50%（ハイブリッド証券の資本性の目安のクラス3）とした場合，種類株式の割引率は，5%（＝3%×50%＋7%×50%）となります。割引率5%，種類株式配当率1.5%，期間5年後の満期日に元本100%が償還されると仮定しますと，現在価値は約84.8%となります。

（単位：円）

	1年後	2年後	3年後	4年後	5年後
種類株式配当	1,500,000	1,500,000	1,500,000	1,500,000	1,500,000
現価係数	0.9524	0.9070	0.8638	0.8227	0.7835
種類株式配当現在価値	1,428,571	1,360,544	1,295,756	1,234,054	1,175,289
種類株式元本現在価値					78,352,617
種類株式現在価値合計	84,846,832				

　種類株式の価値を単純に計算する場合には，元本部分の価値，約84.8%にオプション部分の価値を加算して種類株式全体の価値とする計算方法があります。プレーンなオプションとして計算した結果は普通株式1株あたり420円/株，上記配当率を考慮した5年間のオプションとしての計算結果はモンテカルロ・シミュレーションを用いて150円/株となった場合，それぞれの評価額は，126,846,832円（約126.85%）および99,846,832円（約99.85%）となります。有利発行か否かの判断基準としては，元本100%に対しての乖離度合いで判断されることとなります。CBでは新株予約権部分にのみ焦点があたりましたが，種類株式は株式であるため，株式としての価値が著しく有利か否かを判断することとなるため，計算結果が100%超えているからといって，すぐに有利発行とは言えないと考えられる点が，CBとは異なると考えられます。

　なお，厳密には，割当先の転換が進む場合，元本が徐々に減少していくことから，種類株式配当額や仮置きの想定満期日での償還額も減少していくこととなります。そのため，上記のように種類株式元本部分の価値とオプション部分の価値をバラバラに計算して合計した値は，一体とみなして計算した値よりも大きくなることとなります。

第10章 ベンチャー・ファイナンスで用いられる種類株式

1 ■ 日本におけるベンチャー・ファイナンスの現状

（1） 近年のベンチャー・ファイナンスの変化

　ベンチャー企業は，事業の形成過程にあって安定していないことが多く，一般的に金融機関からの借入れが困難または不可能です。そのため，高いリスクを取って高いリターンを求める投資家，主にはベンチャーキャピタルから株式により資金を集めるのが一般的です。

　ベンチャー企業の段階では，一般的に創業者の持株比率が高く，少ない株式で支配権を取るような交渉は成り立ちにくいため，経済的権利の部分で普通株式より優先的な権利を与えることが考えられます。

　しかし，数年前までは，ベンチャー企業の資金調達は普通株式によるのが一般的でした（2008年から2010年に上場した会社で種類株式を利用していた会社は4社のみでした[1]）。なぜなら，①経済的権利といっても，ベンチャー企業がせっかく集めたお金を配当することは通常ないため配当優先権に実際の意味はないことが多いこと，②残余財産分配請求権の優先権があっても，中途半端な

1　有限責任監査法人トーマツ「平成23年度ベンチャー企業における発行種類株の価値算定モデルに関する調査報告書」（2011年10月31日）2頁

状況で会社を清算する状況もほとんど稀であるため，種類株式にすることにあまり意義がなく，償還条項等も望めないことから，種類株式を提案したとしても意義のない交渉要素を増やす結果になることが多いと考えられていたことが原因と考えられます。

　そのため，出資自体は普通株式で行われ，その投資契約や株主間契約において，ガバナンスやイレギュラーな事態への対処をいかに盛り込んでおくかに焦点が当てられていました。

　一方，近時の調査によれば，ベンチャー企業による種類株式の利用率は，約65％から80％弱という数値が公表されており[2]，種類株式の利用が急増しました。

　この背景として，普通株式と種類株式の価格差についての概念が整理され，このことについて経済産業省により国税庁への確認がなされたことと，会社法についても整理が行われたことが挙げられます。現時点において普通株式と種類株式または種類株式ごとに経済的権利が異なる場合に，これを根拠として1株当たり価値に差異を設ける実務は定着しています。これは，投資実務のみならず，種類株式の評価実務や監査実務，上場審査の実務においても定着しています。

　実際に2015年頃からベンチャー企業による資金調達は，大半が種類株式で行われるように変遷しました。このことと，経済状況やIPO市場の活況などが相まって，現在，ベンチャー市場は非常に活性化しており，各種データをみても2014年以降ベンチャー企業による資金調達額は年々増加しています。

（2）　種類株式ごとに価格差を設ける実務が定着した背景

　米国においては種類株式の利用は過去より当然の前提とされ[3]，投資家と企

2　保坂雄，小川周也「種類株式の最新実務(4)種類株式を利用したスタートアップ・ファイナンス」旬刊商事法務2126号（2017年2月25日）49頁
3　未上場企業が発行する種類株式に関する研究会報告書7頁

業側の利害を様々な条項で調整し，各種類株式の価格についても，種類株式ごとの経済的権利に着目して差異を設ける実務は当然のこととして許容されていました[4]。

　経済産業省は，ベンチャー投資を活性化するため，利便性の高い米国での実務を日本でも実現するため，2011年7月に有限責任監査法人トーマツに国内外の種類株式導入事例の調査等を依頼し，2011年11月に「未上場企業が発行する種類株式に関する研究会」を立ち上げ，実務上の課題の整理等を行いました。

　その際に課題とされたのが，①種類株式の価値評価方法，②税務上の種類株式の取扱い，③会社法におけるみなし清算条項の導入可能性でした。

　みなし清算条項とは，合併，株式交換等，支配権の移動に伴って取得された対価を残余財産とみなし，優先的に残余財産分配を受ける権利を有する者に，優先順位に従って分配する処理を認める権利をいいます。つまり，投資家のエグジットがIPOではなく，M&Aとなった場合に，このみなし清算条項がついた種類株式を保有している株主は，他の株主よりも優先して対価を受け取ることができる仕組みです。

①　種類株式の価値評価方法

　種類株式の価値評価方法については，上記両報告書において評価方法の研究，提案がなされ，その後2013年11月には，日本公認会計士協会からも研究報告「種類株式の評価事例」が公表されたこともあり，評価実務において種類株式ごとの経済的権利の差異に着目して価値に差異を設ける実務は現時点において定着するに至りました。

　なお，これらの報告においては，種類株式の評価にあたっては定款のみならず，株主間契約等における規定も経済的権利として価値評価に反映することが可能なものであれば評価に織り込むべきである旨が記載されています。日本公認会計士協会からの研究報告においては，このような契約等を含めて広義の種

4　未上場企業が発行する種類株式に関する研究会報告書15頁

類株式として整理されており，特にみなし清算条項が存在する場合に価格差が理論的に生じる旨とその評価の考え方が解説されています。

❷　税務上の種類株式の取扱いと会社法におけるみなし清算条項の導入可能性

　2014年6月24日に，「日本再興戦略」の改訂版として，「『日本再興戦略』改訂2014－未来への挑戦－」が閣議決定され，この中の「緊急構造改革プログラム（産業の新陳代謝の促進）」において，新たに講ずべき具体的施策として，「ベンチャー支援」が追加され，「種類株式活用促進策の検討」が施策の1つに挙げられています。これを踏まえた検討を行うため，経済産業省は，「ベンチャー投資等に係る制度研究会」を立ち上げ，2015年5月に報告書を公表しています。

　この報告書において，税務上の種類株式の取扱いと会社法におけるみなし清算条項の導入可能性についても整理が記載され，実務に大きな影響を与えました。

　税務上の種類株式の取扱いについては，経済産業省が同時に発行した種類株式と普通株式の価格に差異が存在する実務について，国税庁にも確認したことを公表[5]し，同報告書にもこのことが記載されました。実務上の広がりという観点からは税務上の課題が整理されたことには強い意義があったと考えられます。

　会社法におけるみなし清算条項の導入可能性については，かつて我が国の会社法上，「みなし清算条項」は種類株式の内容にあたらないとする見解が有力で，定款に記載することや登記することができないといわれていました。

　しかし，同報告書によって定款に記載する実務が報告され，記載例も掲載されました。その後，みなし清算条項が発動する取引の分類によって定款と株主間契約を併用する実務が現時点において一般化しています[6]。

5　http://www.meti.go.jp/policy/newbusiness/stock_option/　2018年7月21日アクセス

6　前掲注2，51-52頁，太田洋，松尾拓也「種類株式ハンドブック」商事法務（2017年9月15日）131-132頁

2 ■ 種類株式の活用場面と留意点

(1)　発行会社側にとっての種類株式の活用場面

　実効性のある経済条件を優先株式に与えることができれば，投資家としては
リスクをとりやすくなる，またはより高い価値を付けて株式に投資できること
が期待できます。

　この実効性のある経済条件として中心的なものに「みなし清算条項」があり，
前述のとおりベンチャー企業の資金調達マーケットは近年非常に活性化してい
ます。

　また，種類株式と普通株式の価格差が説明可能であれば，資金調達とインセ
ンティブ設計が同時に有効的に可能となります。一般に外部資本による資金調
達は高い株価で行うことができれば創業者を含めた既存株主の持株比率を守る
ことができ，一方株式を用いたインセンティブについては株価が高いとその後
の株価上昇によるキャピタルゲインが減少してしまうため説明可能であれば低
くしたいというのが発行会社の素直な願望です。

　そこで，優先株式と普通株式の価値の差が理論的に説明可能であれば，高い
価値の優先株式で資金調達を行い，それより価値の低い普通株式でインセン
ティブの設計を行うことができるようになります。前述のとおり，このことは
国税庁も認めており，このような実務が定着しています。

　このように種類株式の有効性は高く，種類株式にどのような条件を付けると
普通株式とどの程度差異が生じるのかという検討は多くのベンチャー企業で行
われており，近時第三者評価の重要性が非常に高まっています。

（2） 公正価値評価

①　評価の考え方

　種類株式の価値は，第9章で解説したとおり，当該株式保有者が受け取るキャッシュ・フローの金額を見積もり，割引計算を行った現在価値をもって評価することが一般的です。また，普通株式との権利の違いに着目し，その経済的価値を普通株式の価値に加算した値を種類株式の価値として評価する手法もあります。種類株式には，前述のとおり様々な内容を付けることができる一方で，定量的に価値を測定することが困難な権利も多いです。

②　権利・条項別の価値測定の可否

　図表10－1は，投資先がベンチャー企業である場合を前提として，どのような内容や権利ならば価値に織り込めるのかについて示したものです。

　実務では，様々な権利の中でもキャッシュ・フローに直接的に影響を与えるような内容や条件に着目して評価を行います。拒否権や役員選任権などのキャッシュ・フローに与える影響を直接的に把握できない権利については評価上，考慮しないことが一般的です。

図表10－1　価値測定の可否

項目名	価値測定の可否
剰余金の配当	○
残余財産の分配	○
議決権制限株式	×
取得請求権付株式	○
取得条項付株式	○
全部取得条項付種類株式	×

拒否権付種類株式	×
役員選任権付種類株式	×
オブザーバー条項	×
経営情報の開示	×
先買権（rights of first refusal）	×
共同売却権（co-sale rights）	×
ドラッグ・アロング・ライト（drag-along rights）	×
希薄化防止条項（anti-dilution provision）	×
みなし清算条項（deemed liquidation）	○

注記：「×」は「評価には織り込めない」，「○」は「測定可能（状況により測定できない場合も含まれている）」ことを示している

　みなし清算条項は，投資家のエグジットがIPOではなく，M&Aとなった場合に，このみなし清算条項がついた種類株式を保有している株主は，他の株主よりも優先して対価を受け取ることができる仕組みで，実際の経済効果が大きいことから価値評価に織り込まれるのが一般的となっています。そのキャッシュ・フローの差異を次項で例示します。

（3）　みなし清算条項のキャッシュ・フロー差異の例

　ケース・スタディとして，架空のベンチャー企業がVCから総額150百万円（1株5万円）の投資を受ける際に種類株式で調達する場合のペイオフを考えます。VC投資後の資本構成は以下のとおりとします。

株主の属性	所有株式	所有株数	持株割合
経営陣	普通株式	7,000株	70%
VC	種類株式（みなし清算条項付）	3,000株	30%

種類株式の条件概要は以下のとおりとします。

1株当たり発行価額	50,000円
株式数	3,000株
議決権	あり。（1株当たり1議決権）
残余財産優先分配権	発行価額の1倍（参加型）
残余財産優先分配件の優先順位	普通株式より優先
みなし清算条項	あり。残余財産優先分配権の規定に従う

　当該種類株式の普通株式との違いは，みなし清算条項の条件のみとなっています。みなし清算条項は，残余財産優先分配権の定義に従って付しています。本例では残余財産優先分配権は発行価額の1倍に設定しました。よって，M&Aが発生した場合は「清算」とみなし，種類株主はその対価を「残余財産」と取り扱い，「残余財産」から優先的に発行価額の1倍を受け取ることができます。

　なお，「参加型」とは，種類株主であるVCが，自身への分配分を受け取った後，さらに残余財産がある場合，普通株主と同時に追加的な残余財産を受け取る事ができる条件のことを言います。

　この場合のエグジット金額に応じたVCの分配額は**図表10－2**のとおりです。

　図表10－2は，普通株式を有する創業者と経営陣に先立ってVCが優先分配額（150百万円）を受け取り，残りのエグジット金額については，議決権比率（VCは30％）に応じて按分した場合の分配額を示しています。

　ここで仮に，残余財産優先分配権を0倍，すなわち普通株式と同条件にした場合の分配額とみなし清算条項を付した本種類株式の1倍の場合に分けると，VCの分配額は，**図表10－3**のように異なります。

　このとき，残余財産優先分配権1倍と0倍の場合の差額は，みなし清算条項を付すことによって得られる経済的価値の違いである。それは**図表10－4**の黒の面で示すことができます。

　みなし清算条項を適用することによって，買収によるエグジット総額が投資

図表10－2　エグジット金額に応じた分配シミュレーション

投資金額（百万円）　倍率
150　1.0

■優先分配額		エグジット金額/時価総額（百万円）											
		0	50	100	150	300	500	750	1,000	1,500	2,000	2,500	3,000
VC	種類株式	0	50	100	150	150	150	150	150	150	150	150	150
計		0	50	100	150	150	150	150	150	150	150	150	150
■残余財産額													
創業者	普通株式60%	0	0	0	0	90	210	360	510	810	1,110	1,410	1,710
経営陣	普通株式10%	0	0	0	0	15	35	60	85	135	185	235	285
VC	種類株式30%	0	0	0	0	45	105	180	255	405	555	705	855
計		0	0	0	0	150	350	600	850	1,350	1,850	2,350	2,850
■合計額													
創業者	普通株式60%	0	0	0	0	90	210	360	510	810	1,110	1,410	1,710
経営陣	普通株式10%	0	0	0	0	15	35	60	85	135	185	235	285
VC	種類株式30%	0	50	100	150	195	255	330	405	555	705	855	1,005
計		0	50	100	150	300	500	750	1,000	1,500	2,000	2,500	3,000

図表10－3　残余財産優先分配権の倍率別のVCの分配額

	エグジット金額/時価総額（百万円）											
	0	50	100	150	300	500	750	1,000	1,500	2,000	2,500	3,000
0.0倍	0	15	30	45	90	150	225	300	450	600	750	900
1.0倍	0	50	100	150	195	255	330	405	555	705	855	1,005

金額（150百万円）を下回らない範囲であれば，VCは投資金額を回収できるので，その分だけ普通株式に比べて経済的価値が高くなります。このように考えると，普通株式の評価を基礎として，みなし清算条項を評価する場合，種類株

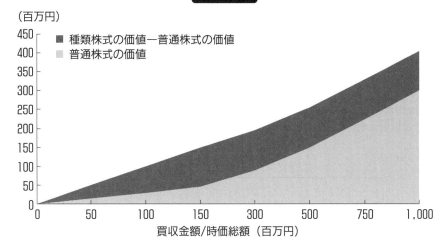

図表10－4

式の分配額の期待値と普通株式の分配額の期待値の差を，普通株式の価値に加
算した値が種類株式と考えることができます。つまり，当該種類株式の価値は
「普通株式の価値＋みなし清算条項の価値」として分けて示すことができます。

（4） みなし清算条項の評価手法

　このように，M&A が実行される場合，各種類の株式にはキャッシュ・フロー
に相当程度の差が出ることとなります。有価証券の評価は，基本的にそのキャッ
シュ・フローの期待値を算出することにより行われますが，みなし清算条項は
その発生確率やその時期，その際の企業価値等可変要素が多くあり，評価手法
は日進月歩で研究，開発が進められている状況です。

　様々な評価の考え方について，米国公認会計士協会が公表した，Practice Aid
"Valuation of Privately-Held-Company Equity Series Issued as Compensa-
tion"，先に記載した経済産業省の報告書や日本公認会計士協会の研究報告「種
類株式の評価事例」などに記載されています。ここではそのうちのいくつかに
ついて紹介します。

現在価値法（the current value method）
現在の企業価値をM&A発生時の優先分配額と普通株式への転換価値のいずれか大きい方の価値に基づいて各種の株式に分配する方法
オプション価格法（the option pricing method）
優先株式のM&A発生時の損益分岐点を権利行使価格とみなして，普通株式と優先株式を企業価値に対するコール・オプションとしてモデル化する方法
確率加重期待リターン法（the probability-weighted expected return method）
将来のシナリオによる各株式の投資に対する将来のリターンを発生可能性でウェイト付けした現在価値に基づいて株式価値を算出する方法
ハイブリッド法（the hybrid method）
オプション価格法や確率加重期待リターン法などを組み合わせる方法（例えば，一定のシナリオの時のみオプション価格法を用いて算定を行う）

　いずれも必ずM&Aが起きる想定となっていたり，IPO時期や確率などの重要な点について経営者の見積りの要素が多分に含まれる可能性があるなどのデメリットが存在しており，実務上唯一の手法が存在するというところまでには至っていません。

　みなし清算条項付き種類株式が存在する場合，上記のようにM&A時にはキャッシュ・フローに大きな差が出ることになるため，M&Aの発生確率はなんらかのかたちで評価に織り込んで期待値を計算することが必要になると考えられます。

　種類株式への価値の配分は大きなメリットがあり，実務上確立してきているとはいえ，現時点においてはコストの面も勘案して評価時点の企業の状況に鑑みた1つの手法により評価することが一般的です。各種手法のデメリットを解決し得る手法が模索されているところで，将来，説明可能性をより高めた手法の開発が望まれるところです。

コラム 4　　活用の留意点

　種類株式の評価は，様々な条件が複合的に付されることが多いため，評価モデルを様々な観点から構築する必要があります。このことから，日本に先立って種類株式を利用している米国では，当初，経験則を拠りどころとし，種類株式と普通株式の価格差は10対1とすることが黙認されていましたが，会計上，税務上の問題を引き起こすことが少なくありませんでした。その結果，今日では第三者の独立評価を得るケースや，自社内での株式評価に知見のある者による株式評価に関する書面を残しておくという実務が行われています。

　経済産業省は，2011年11月に「未上場企業が発行する種類株式に関する報告書」を公表しましたが，この報告書は「優先株式は普通株式の価格の10倍以下」とする米国の過去の慣習を紹介していますが，これを誤って理解し，種類株式を発行さえしていれば，普通株式の価値の上昇はないものと考え，安易に VC に種類株式を割り当てるベンチャー企業が散見されています。

　しかしながら，普通株式との価格差の合理的な説明の難しい種類株式では，多額の課税関係が生じかねません。具体的には，VC 投資のような第三者割当増資の場合，株式を「有利な発行価額」（時価よりも低額）で引き受けると，新株主は当該株式の時価と払込額との差額だけ経済的な利益を受けることになり，受贈益として法人税が課される可能性があります。

　なお，税務上の「有利な発行価額」とは，その新株の発行価額を決定する日の株式の時価に比べて，社会通念上相当と認められる価額を下回る価額をいいます。社会通念上相当と認められる価額を下回る価額であるかどうかは，法人税法上の時価と発行価額の差額が時価のおおむね10%相当額以上であるかどうかで判断されることとなっています。

コラム 5　　国税庁が公表している種類株式の評価

　ベンチャーファイナンスとは少し話が逸れますが，国税庁では 4 つの種類株式の評価方法について公表しており，非上場会社の事業承継等で活用されています。

①　配当優先株式の評価

　配当について優先・劣後のある株式を発行している会社の株式を①類似業種比準方式により評価する場合には，株式の種類ごとにその株式に係る配当金（資本金等の額の減少によるものを除く。以下同じ）によって評価し，②純資産価額方式によ

り評価する場合には，配当優先の有無にかかわらず，従来どおり財産評価基本通達（以下「評価通達」という）185《純資産価額》の定めにより評価する。

②　無議決権株式の評価

　同族株主（原則的評価方式が適用される同族株主等をいう。以下同じ）が無議決権株式を相続又は遺贈により取得した場合には，原則として，議決権の有無を考慮せずに評価するが，次のすべての条件を満たす場合に限り，前記(1)又は原則的評価方式により評価した価額から，その価額に５％を乗じて計算した金額を控除した金額により評価するとともに，当該控除した金額を当該相続又は遺贈により同族株主が取得した当該会社の議決権のある株式の価額に加算して申告することを選択することができる（以下，この方式による計算を「調整計算」という）。
［条件］
イ　当該会社の株式について，相続税の法定申告期限までに，遺産分割協議が確定していること。
ロ　当該相続又は遺贈により，当該会社の株式を取得したすべての同族株主から，相続税の法定申告期限までに，当該相続又は遺贈により同族株主が取得した無議決権株式の価額について，調整計算前のその株式の評価額からその価額に５％を乗じて計算した金額を控除した金額により評価するとともに，当該控除した金額を当該相続又は遺贈により同族株主が取得した当該会社の議決権のある株式の価額に加算して申告することについての届出書（別紙参照）が所轄税務署長に提出されていること。
ハ　当該相続税の申告に当たり，評価明細書に，調整計算の算式に基づく無議決権株式及び議決権のある株式の評価額の算定根拠を適宜の様式に記載し，添付していること。

③　社債類似株式の評価

　次の条件を満たす株式（以下「社債類似株式」という）については，評価通達197-2《利付公社債の評価》の(3)に準じて発行価額により評価する。また，社債類似株式を発行している会社の社債類似株式以外の株式の評価に当たっては，社債類似株式を社債であるものとして計算する。
［条件］
イ　配当金については優先して分配する。
　　また，ある事業年度の配当金が優先配当金に達しないときは，その不足額は翌事業年度以降に累積することとするが，優先配当金を超えて配当しない。
ロ　残余財産の分配については，発行価額を超えて分配は行わない。
ハ　一定期日において，発行会社は本件株式の全部を発行価額で償還する。
ニ　議決権を有しない。

ホ 他の株式を対価とする取得請求権を有しない。

④ 拒否権付株式の評価

拒否権付株式については，普通株式と同様に評価する。

3 ベンチャー企業の評価

種類株式の価値を評価するためには，その前提となる企業価値を評価することが必要となります。

(1) 評価の原則的手法

企業価値評価の考え方は，次の3つに分類されるのが一般的です。

① インカム・アプローチ

インカム・アプローチは，評価対象会社が獲得する収益やキャッシュ・フローに着目して評価するアプローチです。所有すれば収益を生み出す資産の価値は，将来にわたり生み出される収益に基づき形成されるという考え方に基づき，その将来収益の現在価値を計算するアプローチです。

インカム・アプローチに属する評価手法としては，事業計画上のフリー・キャッシュ・フローに基づいて評価を行うDCF（ディスカウンテッド・キャッシュ・フロー）法や，一定の利益水準が永続するとの想定に基づいて評価を行う収益還元法などが挙げられます。

② マーケット・アプローチ

マーケット・アプローチは，評価対象会社と類似する上場会社の市場株価や，評価対象会社株式の過去に成立した取引価格を参考に評価したり，類似するM&A取引事例における売買価格を参考に評価するアプローチです。相手方に贈与するインセンティブのない全くの第三者との間で成立した取引価格は時価

であろうという考え方に基づいています。

　マーケット・アプローチに属する評価手法としては，評価対象会社と類似する上場会社の市場株価を参考に評価する手法である「類似会社比較法」，評価対象会社株式の過去に成立した取引価格を参考に評価する手法である「取引事例法」，類似するM&A取引事例における売買価格を参考に評価する手法である「類似取引比較法」などが挙げられます。

③　コスト・アプローチ

　コスト・アプローチとは，評価対象会社の評価する時点での純資産価額に基づき評価するアプローチです。インカム・アプローチが将来収益を価値の源泉とするアプローチであるのに対し，コスト・アプローチは将来収益を考慮せず評価時点までの実績に基づき評価するアプローチです。

　企業価値評価は，資産負債の帳簿残高に含み益を考慮するのみならず将来収益の価値を考慮するのが通常ですが，将来収益の価値を考慮できる状況ではない場合に，コスト・アプローチは客観性の高さから有用なアプローチと考えられる場合があります。

　コスト・アプローチに属する評価手法としては，事業を新たに開始すると仮定し同じ資産を取得するとした場合を参考に評価する手法である「再調達時価純資産法」，すべての資産を売却した場合を参考に評価する手法である「清算処分時価純資産法」などが挙げられます。

（2）　ベンチャー企業の評価上の困難性

　M&A実務において，株式価値の評価手法として一般に用いられるのが，DCF法と類似上場会社比較法です。

　これに加えて，非上場会社の株式価値評価においては，純資産法が採用されることがあります。国税庁が相続税等で適用する財産評価基本通達において，非上場会社の株式価値は，純資産価額を基本とする考えが根底にあるからです。

　しかしながら，ベンチャー企業を対象にする場合において，純資産法の採用

は一般になじみません。将来の成長性を考慮した純資産価額よりも高い価格でベンチャー・キャピタルの投資を受けることが成長資金確保の前提になるのであり，将来，期待されるキャッシュ・フローを考慮することが必要です。この前提に立つと超過収益力を考慮したのれんを考慮しない限り，純資産法による評価は，ベンチャー企業の株式価値評価になじまないということになります。

なお，類似上場会社比較法については，類似上場会社の株価を1株当り利益で除した倍率から非上場会社の株式価値を評価する手法で，M&Aにおいて一般的に用いられる評価手法ですが，ベンチャー企業の多くは，赤字であり，赤字に倍率を乗じてもプラスの価値が算出されないため，意味をなす算定にならないことが多いといえます。

黒字を確保したベンチャー企業であっても，ベンチャー企業はマーケットを切り拓いて将来の大幅な増益を見込んでいることが多く，ベンチャー・キャピタルは，類似上場会社の成長倍率とは桁違いに高い期待をもつため，類似上場会社比較法は，過小評価される可能性が高く，一般に適切な評価結果が得られないことが多いです。

（3） DCF 適用の際の問題点

ベンチャー企業の株式価値評価に適合する評価手法は，DCF法となります。DCF法は，将来のキャッシュ・フロー計画を一定の割引率（投資家の期待利回り）で割り引いた現在価値によって評価する手法です。ベンチャー企業の描く事業計画に基づいて評価するため，ベンチャー企業の成長性を株式価値に反映することができます。しかしながら，ベンチャー企業の事業計画の実現性は，事業基盤が確立した上場会社よりも低く，未達成となる可能性が高いことは否定できません。

上場会社のM&Aで株主価値をDCF法で算定する場合の割引率は，株式市場で観察される実績値から推計したものを用い，一般に数％～10％強の水準となりますが，破綻リスクが高いベンチャー企業に数％～10％強の割引率を適用することは，株式価値を過大評価することにつながります。

　このようなことから，ベンチャー企業にDCF法を適用する際の割引率は，ベンチャー・キャピタル等の投資家による期待利回りを採用することが適切であると考えられます。それが，ベンチャー・キャピタルの期待利回り（Internal Rate of Return, IRR）です。このIRRを割引率として採用し，DCF法の算定を行うことがベンチャー企業の株式価値算定に適合する手法と考えられます。

　IRRに対応するキャッシュ・フロー計画は，破綻する等のビジネスが失敗する可能性があるものであり，成功確率を加味せず順調に成功することを前提にしたものであることに留意する必要があります。したがって，ベンチャー企業といえども成功確率を加味する等の保守的な計画を前提にしたDCF法の適用には，IRRを割引率とする手法は誤りであり，この場合は，一般的な数%〜10%強の水準の割引率を採用すべきであることにも留意が必要です。

（4）　ベンチャー・キャピタルのIRR

　一般財団法人ベンチャーエンタープライズセンター（VEC）が発行する「ベンチャー白書2014−2014年度ベンチャービジネスに関する年次報告−」では，ベンチャー企業のステージを次のように，シード，アーリー，エクスパンション，レーターに分類しています。

1．シード	商業的事業がまだ完全に立ち上がっておらず，研究および製品開発を継続している企業
2．アーリー	製品開発および初期のマーケティング，製品および販売活動に向けた企業
3．エクスパンション	生産および出荷を始めており，その在庫または販売量が増加しつつある企業
4．レーター	継続的なキャッシュ・フローがあり，IPO直前の企業等

　米国公認会計士協会が2019年に公表した，"Accounting and Valuation Guide"には，ベンチャー・キャピタル（VC）のIRRについて，成長ステージ別にVCの期待利回りに関する統計データ（Startup：50%〜100%, First stage or "early development"：40%～60%, Second stage or "expansion"：30%～50%, Bridge/Initial Public Offering（IPO）：20%～35%）が記載されており，DCF法によるベンチャー企業の株式価値評価における割引率の検討には，このデータが参考になるものと考えられます。

おおむね，Startup がシード，First stage or "early development" がアーリー，Second stage or "expansion" がエクスパンション，Bridge/Initial Public Offering (IPO) がレーターに対応するものと考えられます。

なお，わが国では，同様のデータが収集されていないことから，ヒアリングによるベンチャー・キャピタルの期待利回り（Internal Rate of Return, IRR）のデータを集積することが急務の課題ではありますが，日米間でベンチャー・キャピタルの IRR が大きく異なるとは考えられず，わが国のベンチャー企業の株式価値評価においても，米国のデータを利用しても支障ないのではないかと考えられます。

▶執筆者代表◀

野口　真人　代表取締役社長／京都大学経営管理大学院特命教授

京都大学経済学部卒業。富士銀行（現みずほ銀行）に入行後，JPモルガン・チェース銀行，ゴールドマン・サックス証券を経て当社を設立。旧カネボウ株式買取価格決定申立事件における鑑定補助人を務めるとともに，新株予約権の評価手法にモンテカルロ・シミュレーションを採用し，初めて東京地裁に認められた評価ロジックを確立。中小企業庁「非上場株式の評価の在り方に関する委員会専門委員会」委員として，ガイドラインの策定にも関与。現在は京都大学経営管理大学院にて「バリュエーション」（株式評価業務の理論と実務）の講座を担当する。主な著作に『ストック・オプション会計と評価の実務』（共著，税務研究会出版局），『ストックオプション儲けのレシピ』（同友館），『種類株式・新株予約権の活用法と会計・税務』（中央経済社），『戦略資本政策（新時代の新株予約権，種類株式活用法）』（中央経済社）。

岩佐　秀典　ダイレクター

電気通信大学卒業。資金調達，インセンティブ・プラン等の資本政策目的で発行される種類株式や，CB・新株予約権等の有価証券の設計・評価の責任者として延べ4,000件以上の案件を手がける。ファイナンス理論や金融工学の分野にとどまらず，会計，税務，法務まで体系的かつ横断的に捉えた的確なアドバイスが可能。戦略資本政策コンサルタントとして数々のオプション戦略立案や新スキーム開発に携わり，業界に多大な影響を与えてきた。紛争・裁判案件においても多数のリーディング・ケースに関与。主な著作に『企業価値評価の実務Q&A』（分担執筆，中央経済社），「第三者割当新株予約権の設計上のポイント」旬刊経理情報 No.1468（2017）。

山田　昌史　取締役／米国公認会計士・京都大学経営管理大学院客員教授

早稲田大学商学部卒業。組織再編・種類株式等の有価証券発行を中心に大手企業からベンチャー企業まで様々なフェーズの資本政策関連のアドバイザリー業務に従事。セミナー，企業研修講師多数。多くの裁判案件に関与し，企業買収に係る第三者委員やアドバイザーも務める。主な著作に『企業価値評価の実務Q&A』（分担執筆，中央経済社），旬刊商事法務 No.2126「JCOM最高裁決定の示唆する「公正な手続」と実務」（共著），No.2105「各種インセンティブ・プランの比較と時価発行新株予約権信託の最新動向」（共著），No.2042, 2043「新株予約権と信託を組み合わせた新たなインセンティブ・プラン」（共著）などがある。

石田　良輔　ダイレクター／公認会計士

京都大学大学院理学研究科修士課程修了。監査法人及び税理士法人にて，監査，アドバイザリー，税務に関する業務を経験。現在は，大手企業からベンチャー企業まで様々な局面の株価算定，虚偽記載関連の株価分析を含む株式価値を巡る裁判対応，オプション・CBワラントの設計評価まで幅広く多数従事している。

脇　嘉幸　エグゼクティブ・マネジャー
法科大学院修了後，プルータス・コンサルティングに入社。主に信託型のインセンティブ・プランや譲渡予約権を駆使したスキームに数多く携わる。プルータス・コンサルティングで信託に関する導入支援した案件のうち，ほぼ9割に関与したスペシャリストである。
主な著作に「『時価発行新株予約権信託』の概要と導入・開示の最新動向」（共著）ビジネス法務第19巻第6号　138頁（2019）がある。

▶執筆者紹介◀（50音順）

石田　良輔（第9章，第10章）
岩佐　秀典（第3章，第4章，第5章，第7章，第8章，第9章）
津川　泰輔（第1章2，第5章2，第6章3）
野口　真人（第3章，第4章）
森　由季（第3章，第4章）
山田　昌史（第1章，第2章，第10章）
脇　嘉幸（第2章1・2，第5章2，第6章）

▶編者紹介◀

株式会社プルータス・コンサルティング

　企業価値評価，有価証券の設計・公正価値評価を中核事業とする独立系コンサルティング・ファーム。新株予約権・種類株式を活用した資金調達や組織再編手法の多様化を見据え，企業の資本政策に関する包括的かつ戦略的な提案と課題解決を実現すべく，野口真人により創業。独立系コンサルティング・ファームとしては，屈指の実績を有する。

　オプションの分野においては，インセンティブ・プラン，資金調達，株主構成の最適化などの様々な目的に応じて，新株予約権・種類株式の内容を最適化する「設計」の手法を初めて採り入れたことで知られる。特に，会社法施行以前から他社に先駆け取り組んできたストック・オプションの設計・評価では業界のトップ・シェアを誇る。自社開発した有償ストック・オプションでは，上場・非上場問わず数多くの導入支援実績がある。近年では，インセンティブ・プランの新たな選択肢として時価発行新株予約権信託®を提唱し，業界を牽引・席巻している。

　企業価値評価においては，公開買付け，合併，株式交換などの組織再編目的での算定に加え，ベンチャー企業の資金調達，資本政策目的での株式価値算定のほか，企業結合会計基準に則したPPA目的の無形資産評価など，多数の案件を手がける。トムソン・ロイター社が公表するM&Aリーグテーブルでは，ファイナンシャル・アドバイザー部門で上位にランクインしている。アドバイザーランキングのフェアネス・オピニオン部門においては，何度も国内1位の件数を獲得し，2019年からは第三者委員会向けのアドバイザリー業務にも従事。株式会社東芝による上場子会社の完全子会社化を目的とした公開買付けにあたっては，設置された特別委員会のファイナンシャル・アドバイザー及び第三者算定機関に選任され，株式価値の算定を実施するとともに，フェアネス・オピニオンを提出。

　このほか，株式価値の算定が争われた国内の主要な判例・裁判例の多くに関与してきたことでも知られ，代表的な実績として旧カネボウ株式会社の株式買取価格決定請求事件，株式会社ジュピターテレコムの株式取得価格決定申立事件などがある。

新株予約権等・種類株式の発行戦略と評価
■資金調達，インセンティブ，M&A，事業承継での活用

2020年4月20日　第1版第1刷発行
2024年6月25日　第1版第11刷発行

編　者　株式会社プルータス・
　　　　コンサルティング
発行者　山　本　　　継
発行所　㈱中央経済社
発売元　㈱中央経済グループ
　　　　パブリッシング

〒101-0051　東京都千代田区神田神保町1-35
電話　03（3293）3371（編集代表）
　　　03（3293）3381（営業代表）
https://www.chuokeizai.co.jp
印刷／昭和情報プロセス㈱
製本／㈲井上製本所

© 2020
Printed in Japan